LA CONTAMINACIÓN Y LA BIOECOLOGÍA EN LA COSTA PERUANA

Dr. Pedro José Rodenas Seytuque

Title: *LA CONTAMINACIÓN Y LA BIOECOLOGÍA EN LA COSTA PERUANA*

ISBN: 979-8-88676-969-2

Author: Dr. Pedro José Rodenas Seytuque

Cover image: www.pixabay.com

Publisher: Generis Publishing
Online orders: www.generis-publishing.com
Contact email: info@generis-publishing.com

INDICE

INTRODUCCIÓN

En los últimos años, se ha dado un incremento significativo en el impulso de la investigación en todas las instituciones privadas y del estado, en áreas de la contaminación y medio ambiente, siendo la finalidad de brindar sostenibilidad del bienestar de la sociedad en el país.

El presente libro analiza, sobre las bases de la revisión de fuentes primarias y secundarias, sobre los conceptos y definiciones de la zona costera, la bioecologia y contaminación de las zonas de transición e intermareales de los espigones, suelo y subsuelo de las playas, donde habitan organismos hidrobiológicos animales y vegetales en la costa verde en el Perú.

Además, se da a conocer sobre las investigaciones realizadas para determinar el grado de contaminación por el comportamiento de los bañistas y visitantes en las playas antes y después de la pandemia, por residuos sólidos costeros en la bioecología marina de las playas de San Isidro, Miraflores, Barranco y Chorrillos; así como, las playas de Cantolao en el Callao.

CAPÍTULO I

1.1. Definición de conceptos

Bioecología

La Bioecología es la Interrelación de los organismos y su hábitat con la naturaleza acuática y terrestre

Figura 1. *Interrelación de organismos terrestres y acuáticos*

Zona costera

La zona costera se define comúnmente como las zonas de interacción o transición entre la tierra y el mar, incluso los grandes lagos continentales. Las zonas costeras son diversas en dinámica, función y forma y no se prestan a ser definidas con facilidad por límites espaciales estrictos (FAO 2015).

Figura 2. *Zona costera de San Isidro*

La zona costera es la superficie terrestre que ocupan los ecosistemas costeros de lagunas, playas, dunas, manglares y humedales que toleran cambios de salinidad y cubre cinco kilómetros tierra adentro desde la orilla del mar. Cerca del 75% de la población mundial vive en la zona marino-costera (en una franja costera de 60km.) y la mayor concentración de áreas urbanas están en la costa, en el Perú esa realidad alcanza al 52% (Álvarez, 2012).

La zona o región costera puede definirse en un sentido amplio como el área de transición donde el medio ambiente marino o terrestre puede tener alguna influencia sobre su contraparte (Carter, 1988). Sin pérdida de generalidad, Lindeboom (2002), define la región costera como la franja que se extiende desde los 200 m por debajo hasta los 200 m sobre el nivel del mar.

Si bien el concepto de zona costera se puede entender como la franja en la cual el medio marino y el terrestre adyacente se constituyen en un sistema cuyos elementos interactúan entre sí, aún no se tiene una definición universalmente aceptada, ya que estas influencias varían de lugar en lugar, por lo que la dimensión de la zona costera también varía. De tal forma que el problema principal en la definición de la zona costera está en términos de la gran variabilidad de las fronteras temporales y espaciales, así como a las diferentes perspectivas que se tienen de la tierra y el océano.

1.2. Reflexiones preliminares de la zona costera en el Perú

El Perú es uno de los países que cuenta con la mayor variedad climática debido principalmente a la gran diversidad del ecosistema que se manifiesta tanto sobre el territorio como en el mar adyacente. Según fuentes oficiales el Perú cuenta con 1´285,215.6 Km2 de superficie continental y 1´140,646 km2 de mar. La extensión total de la línea costera desde los límites por el norte con Ecuador y por el sur con Chile, es aproximadamente de 3079,5 km. La costa peruana, ocupa alrededor del 11,7% del territorio nacional y que es dónde se concentra el mayor porcentaje de población concentrada en las grandes ciudades, es principalmente una larga franja desértica interrumpida por una serie de estrechos valles o cuencas de ríos andinos que desembocan al mar, generando a lo largo de este territorio diversos ecosistemas como humedales costeros, bosques de loma, diversas puntas, islas cercanas a la costa y bahías, en las cuales suelen asentarse núcleos urbanos de diferente tamaño y desarrollarse diversas actividades económicas (COP 20). Leído en: http://grupoperucop20.org.pe/index.php?option=com_content&view=article&id=74& Itemid=262.

Para comprender la dinámica de la zona marina costera es necesario tener en cuenta que la principal característica del mar peruano que está dada por la existencia de una menor temperatura respecto a aguas oceánicas ubicadas a la misma distancia de la Línea Ecuatorial. Por las mismas características ya mencionadas el mar de Grau es uno de los más ricos y productivos, radicando allí su importancia en realizar investigaciones y estudios para el desarrollo acuícola.

Bibliografía

1. Álvarez (2012). Zona Costera de Cuba. Edit. ACADEMIA. La Habana. Cuba.

2. Carter, (1988). Coastal Environments: An Introduction to the Physical,

3. Ecological and Cultural Systems of Coastlines. Academic Press, London, 617 p.

4. FAO. http://www.fao.org/forestry/icam/4302/es/

5. Lindeboom, (2002). The Coastal Zone: An Ecosystem Under Pressure. p. 49-84. In: J.G. Field, G. Hempel and C.P. Summerhayes (Eds.) Oceans 2020. Science, Trends, and the Challenge of Sustainability, Island Press, Washington.

6. Carter, R.W.G.,1988. Coastal Environments: An Introduction to the Physical, Ecological and Cultural Systems of Coastlines. Academic Press, London, 617 p.

7. Lindeboom, H., 2002. The Coastal Zone: An Ecosystem Under Pressure. p. 49-84. In: J.G. Field, G. Hempel and C.P. Summerhayes (Eds.) Oceans 2020. Science, Trends, and the Challenge of Sustainability, Island Press, Washington.

CAPÍTULO II

2.1. División Ecológica

Los ecólogos Koepcke,H. (1951-1952), tomando en cuenta los trabajos de Naisch (1953), Petersen G. (1939-1949), Schweigger (1947) y Weberbaver (1923-1946), establecieron una división ecológica de la costa peruana, aunque sin señalar límites precisos.

Los grupos establecidos fueron:

"…II. Biocenosis de transición entre el mar y la tierra:

a)   Orilla de roca inmóvil.

b)   Playa pedregosa.

c)   Playa arenosa.

d)   Biocenosis de los manglares.

e)   Boca de río.

III. Biocenosis terrestres cercanos al mar:

a)   El mar influencia mecánicamente el campo vital:

-       Rocas cercanas al mar.

-       Barrancos de canto rodados cercanos al mar.

-       Dunas Marinas…"

En la investigación de Rodenas (1995), dice "Al igual que la tierra el océano tiene zonas netamente demarcadas, que se caracterizan por tener diferentes condiciones físicas y, por consiguiente, se hallan habitadas por distintas clases de animales y vegetales.

1.   Sistema Litoral, que llega hasta el término de la plataforma continental o hasta el límite inferior de la vegetación submarina, se la denomina fital. Comprende cuatro zonas:

a)   Supra Litoral, donde se encuentra los organismos que soportan o exigen emersión total. En ella hay humedad, pero no verdadera inmersión, salvo durante las mareas o por grandes olas debidas a tempestades.

b)   Meso Litoral, donde se producen inmersión y emersiones continuas y se instalan poblaciones que soportan o exigen esos movimientos.

c)   Infra Litoral, siempre sumergido y raramente emergido, y que señala el límite inferior de las fanerógamas marinas o en forma más comercial el de algas fotófilas.

d)   Circa Litoral, que llega a la profundidad compatible, con la vida de las algas adaptativas a la iluminación más débil.

Se tiene también, la zona de las mareas, comprendida entre los límites de la marea alta y la baja, siendo sus características la acción continua de las olas; por ello se ha desarrollado medios para resistir dicha acción. Muchas algas poseen cuerpos resistentes y flexibles, capaces de doblarse con el vaivén de las olas sin romperse, los animales se encuentran encastrados en conchas calcáreas duras como las de los cangrejos, moluscos, estrellas de mar, o se encuentran recubiertos por una epidermis tenaz, como en el caso de la anemona y el pulpo.

Figura 3. *Conglomerados de organismos intermareal*

La región del mar epicontinental, se encuentran densamente poblada, ya que posee abundante luz y otros elementos necesarios para los vegetales. Viven en ellas muchas especies de peces y algas unicelulares. La región pelágica, que se distingue por la presencia de luz y la ausencia de substrato, está poblada por organismo, nadadores y flotadores.

Existen pocas algas y muchos animales microscópicos: protozoarios, tales como los foraminíferos y radiolarios, algunos pocos animales de mayor tamaño: las medusas comunes, las jibias y algunos pocos peces y ballenas.

Dentro del marco político, la Oficina Internacional del Trabajo a través de la Comisión Económica para América Latina y el Caribe. (1996). Dice "… sobre el borde costero (zona costera) que sea un instrumento para el desarrollo sostenible, debe apuntar al uso equitativo de los recursos naturales y a la durabilidad de los beneficios derivados del aprovechamiento, más allá de los intereses coyunturales...". Existen otros principios que contribuyen a configurar el marco general, denominados precautorios, vale decir, pago por el uso de la capacidad ambiental y de evaluación del impacto ambiental, los que en definitiva apoyarán las políticas que producen equidad.

Agüero (1996). Dice:

"El manejo de la zona costera es un tema largamente analizado y debatido en el plano nacional e internacional, al que la búsqueda del desarrollo sostenible ha dado un contenido nuevo y clarificador. Aun cuando las zonas costeras no resistieran esa importancia fundamental en cuanto a sus impactos sobre el medio marino, la necesidad de estrategias de manejo se justificaría solamente por su condición de que proporcionarán, en el ámbito mundial, subsistencia para aproximadamente dos billones de personas para el año 2000"

Bibliografía

1. Álvarez (2012). Zona Costera de Cuba. Edit. ACADEMIA. La Habana. Cuba.
2. Agüero M. (1996). "Impactos ambientales en la zona costera". Faro. I. C.E.D.S.A. Chile.
3. Comisión Económica para América Latina y el Caribe. (1996). "La política de borde costero como un instrumento de desarrollo sostenible. Análisis desde la normativa ambiental internacional y regional". UNFV
4. Rodenas, P. (1985). Estudio Bioecológico de los Organismos que Habitan en los Espigones de las Playas de Miraflores y Barrando. Instituto de Investigación.
5. Vogel Martínez (1977). Contaminación del suelo y residuos sólidos. Edit. INTERNATIONAL THOMSON EDITORES, S.A. DE C.V. MÉXICO, D.F. p, 373
6. Schweigger, E. (1964). El Litoral Peruano. Edit. Gráfica Morson, 2da. Edic.

CAPÍTULO III

3.1 CONTAMINACIÓN

Definición

La contaminación la podemos definir como "…la adición de cualquier sustancia al medio ambiente, en cantidades tales, que cause efectos adversos en los seres humanos, animales, vegetales o materiales que se encuentren expuestos a dosis (concentración por tiempo) que sobrepasen los niveles que se encuentran regularmente en la naturaleza" (Vogel Martínez, 1977).

La contaminación se puede clasificar de diferentes maneras, dependiendo de sus características, y de las fuentes que la generan, por ejemplo:

a) Contaminación biológica. Este tipo de contaminación se presenta cuando existen microorganismos que causan un desequilibrio en la naturaleza, por ejemplo: bacterias, hongos, virus, protozoarios, etc. Es típica d aquellas regiones cuyas condiciones de higiene son deficientes, y se presentan principalmente en los países económicamente menos desarrollados. Se puede controlar o prevenir con relativa factibilidad en comparación con la contaminación física o química. Sin embargo, si no es el caso, puede llegar a provocar altos índices de mortandad en un tiempo relativamente corto. Un ejemplo de este tipo de contaminación es la producida por el vibrión colérico en las aguas superficiales de muchos ríos en Latinoamérica.

b) Contaminación física. Es toda aquella contaminación causada por factores físico- mecánicos relacionados principalmente con la energía. Por ejemplo: altas temperaturas, ruido, ondas electromagnéticas, etc. Este tipo de contaminación por su característica tan sutil, tiene efectos a largo plazo que no son fáciles de identificar. Sin embargo, se ha demostrado que la contaminación física puede causar la muerte de algunas especies, e influir en desarrollo de algunas enfermedades en el ser humano, como son algunas enfermedades psiconeurológicas.

c) Contaminación química. Es toda aquella contaminación provocada por materia, especialmente por sustancias químicas, que pueden ser orgánicas e inorgánicas. La contaminación química es tan antigua como la misma humanidad, sin embargo, su impacto más notorio se presenta durante el auge industrial de la segunda guerra mundial. Este tipo de contaminación es más fácil de controlar, debido a que las características físicas y químicas de las sustancias varían en magnitud, y su control depende de estas propiedades. (Vogel Martínez, 1977.p, 373)

3.2. Reflexiones de los procesos de contaminación en ambiente marino

Las corrientes oceánicas arrastran los contaminantes muy lejos del sitio de la contaminación inicial.

⬜ La Corriente Peruana

Esta corriente se mueve de sur a norte, a lo largo de las costas de Chile y Perú las aguas, influenciadas por la Corriente Peruana, son relativamente frías con temperaturas promedio de 13°C a 14°C en invierno y de 15°C a 17°C en verano. Esta corriente, impulsada por los vientos del oeste y alimentada por aguas emergentes frías muy ricas en sales, es seguida por ingentes masas de plancton, peces y aves marinas. Los peces mueren a millones cuando la contracorriente estacional y cálida llamada "El Niño", se desplaza hacia el sur entre la corriente de Humboldt y Perú.

La contaminación causada por las embarcaciones puede tener efectos devastadores sobre el medio ambiente marino, entre ellos los siguientes:

• Efectos mecánicos sobre la vida marina, que dañan las funciones de los organismos vivientes

- Efectos eutróficos, en virtud de los cuales algunas cepas de bacterias prosperan a expensas de otras formas de vida oceánica
- Efectos saprogénicos, que causan deficiencias en la disponibilidad del oxígeno y matan a diversos organismos oceánicos
- Efectos tóxicos, que perturban la reproducción, la alimentación y la respiración
- Efectos mutagénicos, que causan cáncer y lesiones en los organismos marinos
- Efectos del derrame de petróleo, que pueden devastar rápidamente el medio ambiente marino. (Diez minutos después del derrame de una tonelada de petróleo, puede haberse esparcido en un radio de 50 metros y haber formado una película superficial de petróleo de diez milímetros de espesor).

La Comisión Económica para América Latina y el Caribe (1995). Dice que "Las embarcaciones suelen contaminar con aguas de sentinas y residuos de hidrocarburos generados en los espacios de máquinas; con basuras, incluyendo materiales plásticos contenedores, bolsas, redes); con aguas negras. Los puertos deben tener servicios de recepción y tratamiento de estos desechos que genera la navegación, no obstante, esto sigue siendo un problema sin resolver en muchos países".

Entre las múltiples actividades realizadas por el hombre que se sabe deterioran la calidad del agua en las áreas costeras se halla la tala, la agricultura, la construcción de presas para energía y riego; también la contaminación causada por la urbanización, la transportada por el aire y la provocada por las embarcaciones.

Los metales pesados y compuestos orgánicos sintéticos son absorbidos por los organismos marinos mediante la cadena alimenticia, una gran cantidad de productos químicos se acumulan en los peces depredadores. Dichos productos pueden causar lesiones y tumores en los peces y acumularse en los humanos que ingieren el pescado. Los metales pesados se concentran principalmente en los sedimentos y en la materia orgánica en suspensión, de los cuales se alimentan las especies detríticas, filtradores y suspensívoros. Entre los efectos que las altas concentraciones de metales pesados producen se pueden citar: - reducción de la diversidad del sistema; - bioacumulación de metales pesados en los tejidos de los organismos marinos a lo largo de la cadena trófica hasta llegar al hombre.

La contaminación de los residuos afecta en general y de forma horizontal a todas las actividades, personas y espacios, convirtiéndose en problema no sólo por lo que representa en términos de recursos abandonados sino por la creciente incapacidad para encontrar lugares que permitan su acomodo correcto desde un punto de vista bioecológico.

Bibliografía

1. Comisión Económica para América Latina y el Caribe. (1995). "El papel del Estado en la conservación y uso sostenible de la biodiversidad costera y marina".
2. Rodenas, P. (1985). Estudio Bioecológico de los Organismos que Habitan en los Espigones de las Playas de Miraflores y Barrando. Instituto de Investigación. UNFV
3. Vogel Martínez (1977). Contaminación del suelo y residuos sólidos. Edit. INTERNATIONAL THOMSON EDITORES, S.A. DE C.V. MÉXICO, D.F. p, 373

CAPÍTULO IV

4.1. Investigaciones relacionadas a la bioecologia y contaminación

Caso 1: La contaminación por residuos sólidos en las playas en los distritos de San Isidro, Miraflores, Barranco y Chorrillos en el Perú,

Las playas de los distritos de San Isidro, Miraflores, Barranco y Chorrillos. se han visto afectadas por un problema que lo aqueja desde hace mucho, la contaminación por la presencia de visitantes, bañistas y turistas, cuando realizan sus reuniones o festejos en forma personal o en grupos; por residuos sólidos y desechos domésticos e industriales, que continuamente son arrojados directamente al mar sin ningún tratamiento o con un tratamiento primario insuficiente que no solo ha deteriorado el mar, sino que también ha puesto en peligro las playas y espigones, donde habitan una gran cantidad de organismos animales y vegetales.

También se ven afectados por la presencia de aves, vehículos de transportes y pequeñas embarcaciones, que las utilizan en sus faenas de pesca y son acoderados en las playas.

Hay diversos tipos de residuos sólidos, que son generados en las ciudades (domésticos, residenciales, institucionales o comerciales), agrícolas o industriales (sectores productivos, industrias, polígonos industriales, sanitarios, etc.). Sánchez (2019), estos producen efectos nocivos o peligrosos, tales como la destrucción o daños a los recursos vivos, a la vida acuática y/o a la zona costera.

FIGURA 4. *Playa contaminada con residuo sólidos*

Asimismo, por ser una zona de biodiversidad acuática, tener playas que son expuestas a ser contaminadas por los bañistas y donde se desarrollan actividad de pesca y turismo, no ha continuado en hacer investigaciones o estudios relacionados a la contaminación por residuos sólidos que generan un fuerte impacto en sus playas.

Es por eso por lo que instituciones públicas y privadas como la universidad se han visto obligadas a tomarle importancia a esta problemática, como también las encargadas del cuidado y monitoreo del mar, como: DIGESA, FONAN, LABECO, IMARPE.

Por otro lado, La Dirección General de Salud Ambiental del Ministerio de Salud (DIGESA, 2011) en el marco de sus políticas ha implementado un Programa de Protección de Zonas Costeras y Playas del Litoral Peruano con el fin de tener un ordenamiento sanitario integral y ser partícipe del desarrollo sostenible de dichas áreas.

En tal sentido, las playas de San Isidro, Miraflores, Barranco y Chorrillos que tienen espigones y enrocados, y está compuesta de piedras o cantos rodados y arena, requiere de ser evaluada sobre la calidad del medio costero, mediante la relación que tiene los residuos sólidos con la bioecologia de la zona costera marina, identificar a los organismos que la habitan y los factores físico, químicos y biológicos de importancia para la vida de los organismos acuáticos, a fin de proponer y sugerir a las entidades del Gobierno de turno sobre los resultados obtenidos en la investigación para mitigar la contaminación de las playas de San Isidro, Miraflores, Barranco y Chorrillos. Por lo que se plantea el siguiente objetivo:

Determinar el nivel de contaminación por residuos sólidos costeros que se relacionan con la bioecología marina de las playas de San Isidro, Miraflores, Barranco y Chorrillos.

La Dirección General de Salud Ambiental del Ministerio de Salud (DIGESA, 2011) en el marco de sus políticas ha implementado un Programa de Protección de Zonas Costeras y Playas del Litoral Peruano con el fin de tener un ordenamiento sanitario integral y ser partícipe del desarrollo sostenible de dichas áreas.

La mayoría de la población peruana vive en ciudades costeras, ubicadas en la línea costera de 3.000 km del país, lo que genera preocupaciones sobre los desechos marinos provenientes de tierra firme Instituto Nacional de Estadística e Informática (INEI, 2018).

Por otro lado, Iannacone, et al. (2020) manifiesta que los residuos sólidos sobre todo el plástico se ha convertido en un material de uso común empleado en distintas actividades antropogénicas y la fragmentación de una vez en el mar pueden afectar a los organismos cuando se incorporan en la cadena alimenticia, pudiendo pasar de un nivel trófico a otro superior, incluyendo a los seres humanos. También, en el trabajo realizado por Gambini et al. (2019) realizaron un estudio para identificar los tipos de residuos sólidos más abundantes en la playa de San Pedro de Lurín, Lima, Perú, donde encontró un total de 1885 unidades de desechos sólidos y el material predominante fue el plástico, que representó el 73% del total de residuos sólidos, seguido de goma/hule (9%), papel (9%), vidrio (3%), metal (2%), madera (2%) y tela (1%). Estos residuos que generan impacto al ecosistema marino son arrojados principalmente por pescadores y turistas locales.

Asimismo, (Rodenas, 2019) manifiesta que la contaminación por residuos sólidos en la playa de San Isidro el 21,7 % está compuestos de: Madera, papel. Cartones y telas, en las payas de Barranco predomina los plásticos, latas, hojalata y vidrios también en un 21,7 % respectivamente y que en las playas de San Isidro y Barranco predomina la contaminación con un 37,5 % con fierros, materiales de construcción y animales muertos en la zona costera, la cual incide significativamente en la bioecología de los organismos que habitan en las playas y espigones de San Isidro, Miraflores, Barranco y Chorrillos.

Por otro lado, El Instituto del Mar del Perú (IMARPE, 2011) menciona que el litoral costero peruano cuenta con una variedad de biotopos los cuales se caracterizan por presentar biocenosis con características muy particulares. Así en las playas arenosas se pueden distinguir comunidades a diferentes niveles. En las zonas supra litorales generalmente abundan comunidades de aves, reptiles e invertebrados que viven asociados parcial o totalmente al ecosistema marino (Tait, 1987). En el intermareal existen principalmente comunidades de pequeños bivalvos y crustáceos algunos de los cuales son de importancia comercial (ej." Palabritas") y ecológica ("Muy muy"); mientras que en el submareal se encuentra una variedad de recursos, tanto de invertebrados como de peses, los cuales son explotados por las comunidades de pescadores Gobierno Regional del Callao (GORE, 2013). En las orillas rocosas, al igual que en las playas arenosas, también existe una estratificación, pudiéndose encontrar en la zona supra litoral una amplia variedad de especies de aves, mamíferos e invertebrados; en la zona intermareal se hallan recursos con potencialidad económica como los mitílidos y balamidos, y en el submareal habitan la mayoría de los recursos de peces e invertebrados explotados (GORE, 2013). En las orillas rocosas, al igual que en las playas arenosas, también existen una estratificación, pudiéndose encontrar en la zona supra litoral una amplia variedad de especies, mamíferos e invertebrados; en la zona intermareal se hallan recursos con potencialidad económica como los mitílidos y balánidos, y en el submareal habitan la mayoría de los recursos de peces e invertebrados explotados (IMARPE, 2011).

Factores físicos – químico

Los parámetros de temperatura (19,5 °C) ambiental y del agua (15,5° C), salinidad de (34,5 ‰) y oxígeno disuelto de (2,87 – 2,79 mg/L),

La Dirección de Hidrografía y Navegación (2013), donde determina que la presencia y concentración del parámetro de oxígeno disuelto, es esencial para garantizar el mantenimiento de los organismos vivos, su reproducción y desarrollo; así como también para evaluar los efectos de potenciales agentes contaminantes, ya que cuando hay bajos niveles o ausencia de oxígeno en el agua, puede ser un indicador de contaminación elevada.

4.2. Resultados

1. Interpretación de resultados Variable Independiente.

El propósito de esta sección es de presentar los resultados del desarrollo de los objetivos propuestos en la investigación, y verificar las hipótesis planteadas, a través de los ítems que a continuación se analizan.

A. Contaminación por residuos sólidos costeros

Tabla 2. *Zona costera con hiervas, hoja, ramas, vegetales*

	Casi nunca	Poco frecuente	Regularmente frecuente	Frecuente	Muy frecuente	Total
San Isidro	0,7%	0,7%	1,3%	3,3%	18,7%	24,7%
Miraflores	13,3%	7,3%	0,7%	2,7%	0,7%	24,7%
Barranco	0,7%	1,3%	6,0%	15,3%	2,0%	25,3%
Chorrillos	14,0%	6,0%	1,3%	3,3%	0,7%	25,3%
Total	28,7%	15,3%	9,3%	24,7%	22,0%	100,0%

Nota: Tamaño de la muestra 150 personas

En la tabla se presentan los porcentajes de las respuestas de los bañistas y visitantes. Se observa que las playas de San Isidro 18,7% y Barranco con un 15,3%, relativamente altos contaminados con hiervas, hoja, ramas y vegetales. En cambio, un 13,3% y 14,0 %, las playas de Miraflores y Chorrillos estaban casi nunca contaminadas respectivamente, existiendo un 39,4 % que opinaron en forma poco frecuente y regularmente frecuente se encontraron contaminadas; totalizando así el 100% de la muestra con la cual se trabajó.

Analizando esta información encontramos efectivamente la gran mayoría de encuestados y entrevistados, reconocieron que la playa de San Isidro y Barranco se ha mantenido la contaminación por el poco cuidado en la limpieza de sus playas y sobre todo en San Isidro que es una zona de acumulamiento de basura por la dirección de las corrientes marinas que trasladan esos materiales cuando sube la marea. A pesar de que no son muy concurridas. Si embargo, las playas de Miraflores y Chorrillos se encontraron adecuadamente limpias, producto de la pandemia. Además, por el servicio constante de limpieza que realizaron las autoridades de turno.

Tabla 3. *Zona costera con madera, hojas, ramas, vegetables.*

	Casi nunca	Poco frecuente	Regularmente frecuente	Frecuente	Muy frecuente	Total
San Isidro	0,7%	1,3%	1,3%	6,7%	14,7%	24,7%
Miraflores	13,3%	0,7%	2,7%	3,3%	4,7%	24,7%
Barranco	2,0%	2,0%	5,3%	12,7%	3,3%	25,3%
Chorrillos	12,0%	1,3%	4,7%	2,7%	4,7%	25,3%
Total	28,0%	5,3%	14,0%	25,3%	27,3%	100,0%

Nota: Tamaño de la muestra 150 personas

En la tabla se presentan los porcentajes de las respuestas de los bañistas y visitantes. Se observa que las playas de San Isidro 14,7% y Barranco con un 12,7%, relativamente altos contaminados con madera, hojas, ramas y vegetales. En cambio, un 13,3% y 12,0 %, las playas de Miraflores y Chorrillos estaban casi nunca contaminadas respectivamente, existiendo un 47,3 % que opinaron en forma poco frecuente y regularmente frecuente se encontraron contaminadas; totalizando así el 100% de la muestra con la cual se trabajó.

Analizando esta información encontramos efectivamente la gran mayoría de encuestados y entrevistados, reconocieron que la playa de San Isidro y Barranco se ha mantenido la contaminación por el poco cuidado en la limpieza de sus playas y sobre todo en San Isidro que es una zona de acumulamiento de basura por la dirección de las corrientes marinas que trasladan esos materiales cuando sube la marea. A pesar de que no son muy concurridas. Si embargo, las playas de Miraflores y Chorrillos se encontraban adecuadamente limpias, producto de la pandemia. Además, por el servicio de limpieza que realizaron las autoridades de turno.

Tabla 4. *Zona costera con plásticos, latas, hojalata, vidrios.*

	Casi nunca	Poco frecuente	Regularmente frecuente	Frecuente	Muy frecuente	Total
San Isidro	0,7%	0,7%	4,0%	5,3%	14,0%	24,7%
Miraflores	1,3%	14,7%	3,3%	2,7%	2,7%	24,7%
Barranco	1,3%	1,3%	8,7%	12,0%	2,0%	25,3%
Chorrillos	16,7%	2,7%	2,0%	2,7%	1,3%	25,3%
Total	20,0%	19,3%	18,0%	22,7%	20,0%	100,0%

Nota: Tamaño de la muestra 150 personas

En la tabla se presentan los porcentajes de las respuestas de los bañistas y visitantes. Se observaron que las playas de San Isidro 14,0% y Barranco con un 12,0%, relativamente altos contaminados con plásticos, latas, hojalata y vidrios. En cambio, un 14,7% y 16,7 %, las playas de Miraflores y Chorrillos estaban poco y casi nunca contaminadas respectivamente, existiendo un 42,6 % que opinaron en forma poco frecuente y regularmente frecuente se encontraban contaminadas; totalizando así el 100% de la muestra con la cual se trabajó.

Analizando esta información encontramos efectivamente la gran mayoría de encuestados y entrevistados, reconocieron que la playa de San Isidro y Barranco se ha mantenido la contaminación por el poco cuidado en la limpieza de sus playas y sobre todo en San Isidro que es una zona de acumulamiento de basura por la dirección de las corrientes marinas que trasladan esos materiales cuando sube la marea. A pesar de que no son muy concurridas. Si embargo, las playas de Miraflores y Chorrillos se encontraron adecuadamente limpias, producto de la pandemia. Además, por el servicio que prestaron las autoridades de turno, que recolectaron constantemente los plásticos, latas, hojalata y vidrios que se acumulaban en las playas.

Tabla 5. *Zona costera con fierros, materiales de construcción, animales muertos.*

	Casi nunca	Poco frecuente	Regularmente frecuente	Frecuente	Muy frecuente	Total
San Isidro	0,7%	1,3%	0,7%	4,7%	17,3%	24,7%
Miraflores	13,3%	5,3%	1,3%	2,0%	2,7%	24,7%
Barranco	1,3%	1,3%	3,3%	8,0%	11,3%	25,3%
Chorrillos	14,7%	3,3%	2,0%	2,7%	2,7%	25,3%
Total	30,0%	11,3%	7,3%	17,3%	34,0%	100,0%

Nota: Tamaño de la muestra 150 personas

En la tabla se presentan los porcentajes de las respuestas de los bañistas y visitantes. Se observa que las playas de San Isidro 17,3% y Barranco con un 8,0%, relativamente altos contaminados con fierros, materiales de construcción y animales muertos. En cambio, un 13,3% y 14,7 %, las playas de Miraflores y Chorrillos estaban casi nunca contaminadas respectivamente, existiendo un 46,7 % que opinaron en forma poco frecuente y regularmente frecuente se encontraron contaminadas; totalizando así el 100% de la muestra con la cual se trabajó.

Analizando esta información encontramos efectivamente la gran mayoría de encuestados y entrevistados, reconocieron que la playa de San Isidro y Barranco se ha mantenido la contaminación por el poco cuidado en la limpieza de sus playas y sobre todo en San Isidro que es una zona de acumulamiento de basura por la dirección de las corrientes marinas que trasladan animales muertos cuando sube la marea. A pesar de que no son muy concurridas. Si embargo, las playas de Miraflores y Chorrillos se encontraron adecuadamente limpias, producto de la pandemia. Además, por los recicladores que recolectaron los fierros constantemente y por del servicio que prestaron las autoridades de turno.

Tabla 6. *Zona costera con residuos fecales.*

	Casi nunca	Poco frecuente	Regularmente frecuente	Frecuente	Muy frecuente	Total
San Isidro	0,7%	1,3%	2,0%	15,3%	5,3%	24,7%
Miraflores	13,3%	4,7%	2,7%	2,7%	1,3%	24,7%
Barranco	0,7%	1,3%	12,7%	7,3%	3,3%	25,3%
Chorrillos	13,3%	5,3%	3,3%	2,0%	1,3%	25,3%
Total	28,0%	12,7%	20,7%	27,3%	11,3%	100,0%

Nota: Tamaño de la muestra 150 personas

En la tabla se presentan los porcentajes de las respuestas de los bañistas y visitantes. Se observa que las playas de San Isidro 15,3% y Barranco con un 12,7%, se encontraron relativamente altos contaminados con residuos fecales. En cambio, un 13,3% y 13,3 %, las playas de Miraflores y Chorrillos estaban casi nunca contaminadas respectivamente, existiendo un 45,4 % que opinaron en forma poco frecuente y muy frecuente se encontraron contaminadas; totalizando así el 100% de la muestra con la cual se trabajó.

Analizando esta información encontramos efectivamente la gran mayoría de encuestados y entrevistados, reconocieron que la playa de San Isidro y Barranco se ha mantenido la contaminación por el poco cuidado en la limpieza de sus playas y sobre todo en San Isidro que es una zona de acumulamiento de basura, oscura y poco transitada. A pesar de que no son muy concurridas por bañistas o visitantes. Si embargo, las playas de Miraflores y Chorrillos se encontraron adecuadamente limpias, producto de la pandemia y por el servicio que prestaron las autoridades de turno.

Tabla 7. *Medios de transporte descarga desmontes en la zona costera.*

	Casi nunca	Poco frecuente	Regularmente frecuente	Frecuente	Muy frecuente	Total
San Isidro	0,7%	0,7%	0,7%	4,0%	18,7%	24,7%
Miraflores	13,3%	4,0%	3,3%	2,0%	2,0%	24,7%
Barranco	5,3%	10,7%	4,0%	2,7%	2,7%	25,3%
Chorrillos	16,0%	5,3%	1,3%	2,0%	0,7%	25,3%
Total	35,3%	20,7%	9,3%	10,7%	24,0%	100,0%

Nota: Tamaño de la muestra 150 personas

En la tabla se presentan los porcentajes de las respuestas de los bañistas y visitantes. Se observa que las playas de San Isidro 18,7% y Barranco con un 10,7%, se encuentran relativamente altos contaminados con la descarga desmontes en la zona costera. En cambio, un 13,3% y 16,0 %, las playas de Miraflores y Chorrillos están casi nunca contaminadas respectivamente, existiendo un 41,3 % que opinaron en forma regularmente frecuente o frecuente se encontraron contaminadas; totalizando así el 100% de la muestra con la cual se trabajó.

Analizando esta información encontramos efectivamente la gran mayoría de encuestados y entrevistados, reconocieron que muy frecuente en San Isidro llegan camiones u otros vehículos para descargar su basura o desmontes sobre todo en las mañanas o en las tardes, debido a la poca o casi nunca la presencia de policías o cuidadores municipales y en Barranco poco frecuentes porque pueden ser reportados a la policía o municipales, por los bañistas o visitantes.

Tabla 8. *Zona costera con aves en los cables eléctricos de alta tensión.*

	Casi nunca	Poco frecuente	Regularmente frecuente	Frecuente	Muy frecuente	Total
San Isidro	0,7%	1,3%	1,3%	16,7%	4,7%	24,7%
Miraflores	4,0%	16,0%	2,0%	1,3%	1,3%	24,7%
Barranco	0,7%	5,3%	11,3%	4,7%	3,3%	25,3%
Chorrillos	15,3%	4,7%	1,3%	2,0%	2,0%	25,3%
Total	20,7%	27,3%	16,0%	24,7%	11,3%	100,0%

Nota: Tamaño de la muestra 150 personas

En la tabla se presentan los porcentajes de las respuestas de los bañistas y visitantes. Se observa que las playas de San Isidro 16,7% y Barranco con un 11,3%, se encuentran relativamente altos contaminados por estar las aves en las playas y en los tendidos eléctricos. En cambio, un 16,0% y 15,3 %, las playas de Miraflores y Chorrillos estaban poco frecuente y casi nunca contaminadas respectivamente, existiendo un 40,7 % que opinaron en forma poco frecuente y muy frecuente se encontraron contaminadas; totalizando así el 100% de la muestra con la cual se trabajó.

Analizando esta información encontramos efectivamente la gran mayoría de encuestados y entrevistados, reconocieron que las playas de San Isidro, Miraflores y Barranco tienen presencia de aves en los cables de alta tensión y cerca a los espigones. Las heces fecales de las aves que son depositadas en las pistas, veredas y playas pueden producir contaminación en la zona costera.

Tabla 9. *Concurrencia de personas en las playas de zona costera*

	Casi nunca	Poco frecuente	Regularmente frecuente	Frecuente	Muy frecuente	Total
San Isidro	0,7%	0,7%	2,0%	15,3%	6,0%	24,7%
Miraflores	2,0%	2,7%	15,3%	2,7%	2,0%	24,7%
Barranco	0,7%	2,7%	16,7%	2,7%	2,7%	25,3%
Chorrillos	0,7%	2,0%	2,0%	4,0%	16,7%	25,3%
Total	4,0%	8,0%	36,0%	24,7%	27,3%	100,0%

Nota: Tamaño de la muestra 150 personas

En la tabla se presentan los porcentajes de las respuestas de los bañistas y visitantes. Se observa que las playas de San Isidro 15,3%, Miraflores 15,3%, Barranco 16,7%, y Chorrillos con 16,7 %, se encontraron relativamente altos la concurrencia de personas en forma regularmente, frecuente y muy frecuente en la zona costera. En cambio, mencionan que la concurrencia ha sido casi nunca o poco frecuente a las playas, en un 36,0 %; totalizando así el 100% de la muestra con la cual se trabajó.

Analizando esta información encontramos efectivamente la gran mayoría de encuestados y entrevistados, reconocieron que han asistido a las playas de San Isidro, Miraflores, Barranco y Chorrillos visitantes y sobre todo los que practican Tabla Hawaiana, que no han tenido el temor al contagio por la pandemia. Se ha mantenido la contaminación por el poco cuidado en la limpieza de sus playas y sobre todo en San Isidro que es una zona de acumulamiento de basura, oscura y poco transitada. A pesar de que no son muy concurridas por bañistas o visitantes. Si embargo, las playas de Miraflores y Chorrillos debido al temor a la contaminación por la pandemia se encontraron adecuadamente limpias y por el servicio que prestaron las autoridades de turno.

Tabla 10. *Playas de la zona costera con pescadores*

	Casi nunca	Poco frecuente	Regularmente frecuente	Frecuente	Muy frecuente	Total
San Isidro	1,3%	1,3%	0,7%	15,3%	6,0%	24,7%
Miraflores	2,0%	15,3%	2,7%	2,7%	2,0%	24,7%
Barranco	0,7%	0,7%	12,7%	8,7%	2,7%	25,3%
Chorrillos	14,0%	6,7%	2,0%	1,3%	1,3%	25,3%
Total	18,0%	24,0%	18,0%	28,0%	12,0%	100,0%

Nota: Tamaño de la muestra 150 personas

En la tabla se presentan los porcentajes de las respuestas de los bañistas y visitantes. Se observaron que las playas de San Isidro 15,3%, Barranco 12,7% se encontraron relativamente altos la concurrencia de pescadores en forma regularmente frecuente y frecuente en la zona costera. En cambio, un 15,3% y 14,0 %, las playas de Miraflores y Chorrillos están casi nunca y poco frecuente se encontraron pescadores en la zona costera respectivamente, existiendo un 42,7 % que opinaron en forma poco frecuente y muy frecuente se encontraron pescadores en la zona costera; totalizando así el 100% de la muestra con la cual se trabajó.

Analizando esta información encontramos efectivamente la gran mayoría de encuestados y entrevistados, reconocieron que, en la zona costera de San Isidro, Miraflores, Barranco y Chorrillos por ser más tranquilas, espaciosas y no haber muchos tablistas concurren a pescar, sobre todo en las mañanas o en las tardes mayormente. El uso de carnadas y alimentos que llevaron los pescadores mayormente, al disgregarse o descomponerse produjeron contaminación que inciden en los organismos acuáticos que habitan en la zona costera marina.

Tabla 11. *Espigones de la zona costera con residuos sólidos o residuos fecales*

	Casi nunca	Poco frecuente	Regularmente frecuente	Frecuente	Muy frecuente	Total
San Isidro	1,3%	0,7%	2,7%	14,7%	5,3%	24,7%
Miraflores	16.0%	1,3%	2,7%	4,0%	0,70%	24,7%
Barranco	1,3%	5,3%	11,3%	6,0%	1,3%	25,3%
Chorrillos	11,3%	5,3%	4,0%	2,7%	2,0%	25,3%
Total	24,7%	12,7%	20,7%	27,3%	14,7%	100,0%

Nota: Tamaño de la muestra 150 personas

En la tabla se presentan los porcentajes de las respuestas de los bañistas y visitantes. Se observaron que las playas de San Isidro 14,7%, Barranco 11,3% se encontraron relativamente altos contaminados en los espigones con residuos sólidos o residuos fecales en forma regularmente frecuente y frecuente en la zona costera. En cambio, un 16,0% y 11,3 %, las playas de Miraflores y Chorrillos estaban casi nunca frecuente. Existiendo un 53,3 % que opinaron en forma poco frecuente y muy frecuente se encontraron los espigones con residuos sólidos o residuos fecales en la zona costera; totalizando así el 100% de la muestra con la cual se trabajó.

Analizando esta información encontramos efectivamente la gran mayoría de encuestados y entrevistados, reconocieron que, en los espigones se encuentran residuos sólidos o residuos fecales por ser utilizados como letrinas por personas que visitaban en las noches, la zona costera de San Isidro y Barranco. Mientras que en Miraflores no se pudo realizar dichas acciones por contar con letrinas y con un buen alumbrado y cuidado de serenazgos y en Chorrillos no cuentan con espigones. En los espigones con residuos fecales al disgregarse o descomponerse producen contaminación, afectando el hábitat de los organismos acuáticos que viven en la zona costera.

Tabla 12. *Los enrocados de la zona costera con residuos de plásticos, maderas, cartones, latas*

	Casi nunca	Poco frecuente	Regularmente frecuente	Frecuente	Muy frecuente	Total
San Isidro	2,0%	1,3%	3,3%	1,3%	16,7%	24,7%
Miraflores	14,7%	2,0%	3,3%	2,0%	2,7%	24,7%
Barranco	2,7%	6,7%	11,3%	2,7%	2,0%	25,3%
Chorrillos	15,3%	4,7%	2,7%	2,0%	0,7%	25,3%
Total	34,7%	14,7%	20,7%	8,0%	22,0%	100,0%

Nota: Tamaño de la muestra 150 personas

En la tabla se presentan los porcentajes de las respuestas de los bañistas y visitantes. Se observa que las playas de San Isidro 16,7%, Barranco 11,3% se encontraron relativamente altos la contaminación en los enrocados con residuos de plásticos, maderas, cartones y latas en forma muy regularmente frecuente en la zona costera. En cambio, un 14,7% y 15,3 %, las playas de Miraflores y Chorrillos están casi nunca frecuente. Existiendo un 58,0 % que opinaron en forma poco frecuente y frecuente se encontraron los enrocados con residuos de plásticos, maderas, cartones, latas en la zona costera; totalizando así el 100% de la muestra con la cual se trabajó.

Analizando esta información encontramos efectivamente la gran mayoría de encuestados y entrevistados, reconocieron que, en los enrocados se encuentran con residuos de plásticos, maderas, cartones, latas que son arrojadas por personas que visitaban en las noches, la zona costera de San Isidro y Barranco. Mientras que en Miraflores no se pudo realizar dichas acciones por contar con un buen alumbrado y cuidado de serenazgos y en Chorrillos no cuentan con enrocados. En los enrocados con residuos de plásticos, maderas y cartones al disgregarse, descomponerse producen contaminación, y las personas al cortarse con las latas oxidadas pueden producir infección en la piel, además, afectar el hábitat de los organismos acuáticos que viven en la zona costera.

Tabla 13. *Recipientes de basura en las playas*

	Casi nunca	Poco frecuente	Regularmente frecuente	Frecuente	Muy frecuente	Total
San Isidro	4,0%	14,7%	2,7%	2,0%	1,3%	24,7%
Miraflores	0,7%	0,7%	2,7%	4,7%	16,0%	24,7%
Barranco	1,3%	3,3%	14,7%	4,0%	2,0%	25,3%
Chorrillos	2,0%	2,0%	6,7%	13,3%	1,3%	25,3%
Total	8,0%	20,7%	26,7%	24,0%	20,7%	100,0%

Nota: Tamaño de la muestra 150 personas

En la tabla se presentan los porcentajes de las respuestas de los bañistas y visitantes. Se observaron que las playas de San Isidro 14,7%, Barranco 14,7% que no se encontraron relativamente altos la presencia de recipientes de basura en la zona costera. En cambio, un 16,0% y 13,3 %, las playas de Miraflores y Chorrillos se encontraron muy frecuente y frecuente con recipientes de basura. Existiendo un 58,7 % que opinaron en forma casi nunca y poco frecuente en la zona costera; totalizando así el 100% de la muestra con la cual se trabajó.

Analizando esta información encontramos efectivamente la gran mayoría de encuestados y entrevistados, reconocieron que en las playas de San Isidro por ser una zona muy escarpada no contaron con recipientes de basura y en la playa Barranquito, tienen menos de 10 recipientes de basura. Mientras que en Miraflores en todas las playas contaron con recipientes de basura y bien distribuidos con un buen alumbrado y cuidado de serenazgos y en Chorrillos por su distribución en la zona de tránsito de las veredas y por ser muy extensa su plataforma de arena casi no se nota los recipientes de basura que existe en la playa. Debido a que se encuentran cerca al Regatas o los restaurantes que es la zona más transitada de la costa. Pueden producir contaminación los transeúntes y bañistas cuando arrojan residuos en las veredas y playas, afectando el hábitat de los organismos acuáticos que viven en la zona costera.

Tabla 14. *Presencia de cuidadores o policías municipales en la zona costera*

	Casi nunca	Poco frecuente	Regularmente frecuente	Frecuente	Muy frecuente	Total
San Isidro	4,0%	14,7%	2,0%	2,0%	2,0%	24,7%
Miraflores	0,7%	0,7%	1,3%	4,0%	18,0%	24,7%
Barranco	0,7%	2,0%	11,3%	9,3%	2,0%	25,3%
Chorrillos	0,7%	0,7%	8,7%	11,3%	4,0%	25,3%
Total	6,0%	18,0%	23,3%	26,7%	26,0%	100,0%

Nota: Tamaño de la muestra 150 personas

En la tabla se presentan los porcentajes de las respuestas de los bañistas y visitantes. Se observaron que las playas de San Isidro 14,7%, Barranco 11,3% la presencia de cuidadores o policías municipales en la zona costera es poco frecuente y regularmente frecuente. En cambio, un 16,0% y 13,3 %, las playas de Miraflores y Chorrillos se encontraron muy frecuente y frecuente con la presencia de cuidadores o policías. Existiendo un 58,7 % que opinaron en forma casi nunca y poco frecuente en la zona costera; totalizando así el 100% de la muestra con la cual se trabajó.

Analizando esta información encontramos efectivamente la gran mayoría de encuestados y entrevistados, reconocieron que en las playas de San Isidro por ser una zona muy escarpada no contaron con la presencia de cuidadores o policías municipales en las playas y Barranquito tiene pocos cuidadores. Mientras que en Miraflores en todas las playas contaron con el cuidado de policías municipales, cuidadores y personal de servicio de limpieza y en Chorrillos solo con policías municipales en la playa. Debido a la pandemia constantemente es más transitada por carros policiales para evitar la presencia de delincuentes, sobre todo por el Club Regatas y restaurantes que se encuentran en la zona costera.

Tabla 15. *Organismos acuáticos en las playas, espigones y enrocados de la zona costera*

	Casi nunca	Poco frecuente	Regularmente frecuente	Frecuente	Muy frecuente	Total
San Isidro	0,7%	1,3%	2,7%	16,0%	4,0%	24,7%
Miraflores	2,0%	15,3%	3,3%	2,7%	1,3%	24,7%
Barranco	1,3%	4,7%	10,0%	5,3%	4,0%	25,3%
Chorrillos	0,7%	0,7%	2,0%	8,7%	13,3%	25,3%
Total	4,7%	22,0%	18,0%	32,7%	22,7%	100,0%

Nota: Tamaño de la muestra 150 personas

En la tabla se presentan los porcentajes de las respuestas de los bañistas y visitantes. Se observaron que las playas de San Isidro 16,0%, Barranco 10,0% existen la presencia de los organismos acuáticos en las playas, espigones y enrocados de la zona costera en forma frecuente y regularmente frecuente. En cambio, un 15,3% y 13,3 %, las playas de Miraflores y Chorrillos se encontraron poco frecuente y muy frecuente. Existiendo un 4,7 % que opinaron en forma casi nunca y 50,1% poco frecuente notan la presencia de organismos en las playas, espigones y enrocados de la zona costera; totalizando así el 100% de la muestra con la cual se trabajó.

Analizando esta información, encontramos que los encuestados y entrevistados, reconocieron que la zona costera de San Isidro Miraflores, Barranco y Chorrillos son lugares en donde habitan diferentes clases de organismos y aves acuáticas en toda la zona costera, algunos de ellos como peces crustáceos y algas son medio de alimento de los pescadores o visitantes. Su presencia, permitió promover su cuidado y su sostenibilidad por las autoridades de turno.

Tabla 16. *El estado de contaminación de las playas de la zona costera*

	Casi nunca	Poco frecuente	Regularmente frecuente	Frecuente	Muy frecuente	Total
San Isidro	2,7%	2,0%	3,3%	2,7%	14,0%	24,7%
Miraflores	14,7%	0,7%	2,7%	6,0%	0,7%	24,7%
Barranco	0,7%	1,3%	4,0%	11,3%	8,0%	25,3%
Chorrillos	0,7%	11,3%	3,3%	7,3%	2,7%	25,3%
Total	18,8%	15,3%	13,3%	27,3%	25,4%	100,0%

Nota: Tamaño de la muestra 150 personas

En las respuestas de los bañistas y visitantes, observamos que, en la zona costera de San Isidro y Barranco el 14,0 % y 11,3 % manifestaron que se encuentran muy contaminadas sus playas. En cambio, un 14,7% y 11,3 %, las playas de Miraflores y Chorrillos se encontraron nunca frecuente y poco frecuente contaminadas. Existiendo un 48,7% que opinaron regularmente frecuente contaminadas la zona costera; totalizando así el 100% de la muestra con la cual se trabajó.

Analizando esta información, encontramos que la gran mayoría de encuestados y entrevistados, reconocieron que la zona costera de San Isidro y Barranco tiene un proceso muy frecuente de contaminación. En cambio, Miraflores y Chorrillos consideraron que no hay contaminación frecuente, producto de la pandemia y vigilancia en sus playas (Figuras 25 y 26). Siendo un lugar donde habitan diferentes clases de organismos y aves acuáticas, se hace necesario promover su cuidado y sostenibilidad para evitar la contaminación por residuos sólidos en la zona costera marina.

2. Interpretación de resultados: Variable Dependiente

B. Bioecologia de la Zona Costera:

En la zona costera marina de estudio, se ha realizado la determinación de los parámetros físico y químico de la zona costera y la identificación bilógica taxonómica de los organismos que habitan en la playa, enrocados y espigones de la zoma costera de San Isidro, Miraflores, Barranco, y Chorrillos.

Se determinó las zonas (Figura 1) y se procedió a realizar transeptos (Figura 2). Se trabajó al azar. El muestro se realizó específicamente en la parte biológica, para ello se procedió a tomar muestras y rotularlas para las algas y organismos del lugar del muestreo (Figuras 3 al 6); luego se procedió a medir mediante el equipo multiparámetro la temperatura el oxígeno disuelto y la salinidad (Figuras 7, 8 y 9).

Obteniendo los siguientes resultados según el siguiente cuadro;

Tabla 17. *Parámetros Fisicoquímicos*

Meses	Temperatura °C Agua	Ambiental	Oxígeno Disuelto mg/L	Salinidad ‰
Marzo	18,5	19,5	3,5	34,5
Abril	18,0	20,0	3,8	34,00
Mayo	17,5	20,5	3,0	34,5
Junio	17,0	20,0	2,9	34,0
Julio	17,8	19,5	3,0	34,0
Agosto	17,5	19,0	2,9	34,5
Setiembre	17,0	19,5	3,0	34,0
Octubre	16,0	19,0	2,8	34,5
Noviembre	15,9	19,0	2,9	34,5

Para la medición de los organismos se realizó mediante el conteo de la población al azar y para la taxonomía se utilizó los catálogos de Skoglund (2001 b).

Resultados obtenidos en cada playa investigada según el siguiente cuadro.

Tabla 18. *Organismos Espigones, Enrocados y Playas*

Especies	Distritos			
	San Isidro Playa San Isidro	Miraflores Playa Waikiki	Barranco Playa Barranquito/ Yuyos	Chorrillos Playa Agua Dulce/ Pescadores
1. Peces	Pejerrey Familia: Atherinopsidae Género: Odontesthes	Borracho: Scartchthys gigas	Borracho: Scartchthys gigas	Pejerrey
2. Algas	No se muestreo: zona muy peligrosa	*Ulva lactuca (lechuga de mar) Scurria viridula Ahnfeltia sp Nodilittorina Peruviana Heliaster helianthus.*	*Heliaster helianthus.*	*Ulva lactuca Chondrus crispus*
3. Microalgas		*Chaetoceros lorenzianus. Coscinodiscus radiatus. Detonula pumila. Skeletonema costatum. Dinophysis caudata. Ceratium furca*		
4. Organismos		*Balanus laevis Scurria ceciliana Megabalanus psittacus Tegula atra Chaetomorpha Semele corrugata*	*Balanus laevis Scurria ceciliana Megabalanus*	*Emerita emerita*

5. Invertebrados	*Chondracanthus chamisso* *Estrella sol (Heliaster heliantus)* *Chorito (Semimytilus algosus)* *Lapa (Fissurella máxima)* *Pico de loro (Balanus laevis)* *Araña de mar (Grapsus grapsus)* *Chiton (Chiton gronosus)*	*Lapa (Fissurella máxima)* *Pico de loro (Balanus laevis)* *Araña de mar (Grapsus grapsus)* *Chiton (Chiton gronosus)*	
6. Aves	Cormoran (Phalacrocorax brasilianus. Piquero peruano (Sula variegata) Pelicano peruano (Pelecanus thagus	*Cormoran (Phalacrocorax brasilianus. Piquero peruano (Sula variegata) Pelicano peruano (Pelecanus thagus*	*Cormoran (Phalacrocorax brasilianus. Piquero peruano (Sula variegata) Pelicano peruano (Pelecanus thagus*	*Piquero peruano (Sula variegata) Pelicano peruano) (Pelecanus thagus)*

4.3. Análisis estadístico

Para contrastar las hipótesis planteadas en la investigación se usará el Rho de Spearman pues los datos para el análisis están en forma de frecuencias. La estadística Rho de Spearman es una medida de asociación lineal que utiliza los rangos, números de orden, de cada grupo de sujetos y compara dichos rangos de la presente investigación.

Los datos han sido clasificados en una tabla de contingencia para probar la hipótesis, mediante Rho de Spearman. Considerando un nivel de significancia $\alpha = 0,05$

y 1 grado de libertad cuyo valor tabular de Rho [−1≤ Rho ≤ 1], teniendo en cuenta el grado de relación según el rango de correlación tomado de (Szmidt & Kacprzyk, 2010) que luego será comparado con el Rho experimental para la aceptación o rechazo de la hipótesis nula.

Tabla 19. *Interpretación del coeficiente de correlación de Spearman*

Valor Rho	Significado
- 1	Correlación negativa grande y perfecta
- 0,9 a - 0,99	Correlación negativa muy alta
- 0,7 a - 0,78	Correlación negativa alta
- 0,4 a - 0, 69	Correlación negativa moderada
- 0, 2 a - 0, 39	Correlación negativa baja
- 0, 0 1 a - 0,19	Correlación negativa muy baja
0	Correlación nula
0, 0 1 a 0,19	Correlación positiva muy baja
0, 2 a 0, 39	Correlación positiva baja
0,4 a 0, 69	Correlación positiva moderada
0,7 a 0,78	Correlación positiva alta
0,9 a 0,99	Correlación positiva muy alta
1	Correlación positiva grande y perfecta

Fuente: (Szmidt & Kacprzyk, 2010)

4.4. Contrastación de Hipótesis

Hipótesis general

H0: El nivel de contaminación por residuos sólidos costeros se relacionan significativamente con la bioecologia marina de las playas de San Isidro, Miraflores, Barranco y Chorrillos.

H1: El nivel de contaminación por residuos sólidos costeros no se relacionan significativamente con la bioecologia marina de las playas de San Isidro, Miraflores, Barranco y Chorrillos.

Tabla 20. *Contaminación por residuos sólidos en la Bioecologia de la zona costera*

			Contaminación por residuos sólidos (Agrupada)	Bioecologia en la zona costera (Agrupada)
Rho de Spearman	Contaminación por residuos sólidos (Agrupada)	Coeficiente de correlación	1,000	-,097
		Sig. (bilateral)	.	,235
		N	150	150
	Bioecologia en la zona costera (Agrupada)	Coeficiente de correlación	-,097	1,000
		Sig. (bilateral)	,235	.
		N	150	150

El valor que alcanza el Rho = 0,265 experimental se encuentra entre 0, 2 a 0,39 es una Correlación positiva baja por la situación de la pandemia. Permite que la hipótesis nula sea rechazada aun nivel de significancia de 5% por lo que se concluye que, el nivel de contaminación por residuos sólidos costeros incide significativamente baja en la bioecologia marina de las zonas de San Isidro, Miraflores, Barranco y Chorrillos.

Sin embargo podemos comprobar de acuerdo a los resultados que la playa de San Isidro sigue siendo las mas contaminada como podemos observar en las (Figuras 31 y 32), seguido por la playa Barranquito (Figuras 28, 29, 30) y casi nunca (Figura 27) en la playa de Chorrillos como se muestra en los anexos.

Hipótesis específica

Hipótesis específica 1

H0: El nivel de contaminación por residuos y fecales sólidos se relacionan significativamente en la bioecologia marina.

H2: El nivel de contaminación por residuos y fecales sólidos no se relacionan significativamente en la bioecologia marina.

Tabla 21. *Residuos sólidos y fecales en la Bioecologia en la zona costera*

			Residuos sólidos y fecales (Agrupada)	Bioecologia en la zona costera (Agrupada)
Rho de Spearman	Residuos sólidos y fecales (Agrupada)	Coeficiente de correlación	1,000	-,092
		Sig. (bilateral)	.	,265
		N	150	150
	Bioecologia en la zona costera (Agrupada)	Coeficiente de correlación	-,092	1,000
		Sig. (bilateral)	,265	.
		N	150	150

El valor que alcanza el Rho = 0,187 experimental, se encuentra entre 0,2 a 0,39 es una Correlación positiva baja por la situación de la pandemia. Permite que la hipótesis nula sea rechazada aun nivel de significancia de 5% por lo que se concluye que, el nivel de contaminación por residuos y fecales sólidos inciden significativamente baja en la bioecologia marina.

Hipótesis Específicas 2

H0: El nivel de contaminación por transporte vehicular y aves de residuos sólidos se relacionan significativamente en la bioecologia marina.

H3: El nivel de contaminación por transporte vehicular y aves de residuos sólidos no se relacionan significativamente en la bioecologia marina.

Tabla 22. *Contaminación por Transporte y aves en la Bioecologia en la zona costera.*

			Transporte y aves (Agrupada)	Bioecologia en la zona costera (Agrupada)
Rho de Spearman	Transporte y aves (Agrupada)	Coeficiente de correlación	1,000	-,108
		Sig. (bilateral)	.	,187
		N	150	150
	Bioecologia en la zona costera (Agrupada)	Coeficiente de correlación	-,108	1,000
		Sig. (bilateral)	,187	.
		N	150	150

El valor que alcanza el Rho = 0,086 experimental es una Correlación positiva muy baja por la situación de la pandemia que se encuentra en 001 a 0,19. Permite que la hipótesis nula sea rechazada aun nivel de significancia de 5% por lo que se concluye que, el nivel de contaminación por transporte vehicular y aves de residuos sólidos inciden significativamente muy baja en la bioecologia marina.

Hipótesis específica 3

H0: El nivel de contaminación por concurrencia de personas y recipientes de basura se relacionan significativamente en la bioecologia marina.

H4: El nivel de contaminación por concurrencia de personas y recipientes de basura no se relacionan significativamente en la bioecologia marina.

Tabla 23. *Contaminación por Concurrencia de personas y recipiente de basura en la Bioecologia en la zona costera*

			Concurrencia de personas y recipiente de basura (Agrupada)	Bioecologia en la zona costera (Agrupada)
Rho de Spearman	Concurrencia de personas y recipiente de basura (Agrupada)	Coeficiente de correlación	1,000	,141
		Sig. (bilateral)	.	,086
		N	150	150
	Bioecologia en la zona costera (Agrupada)	Coeficiente de correlación	,141	1,000
		Sig. (bilateral)	,086	.
		N	150	150

El valor que alcanza el Rho = 0,235 experimental es una Correlación positiva baja por la situación de la pandemia y se encuentra en 0,2 a 0,39. Permite que la hipótesis nula sea rechazada aun nivel de significancia de 5% por lo que se concluye que, el nivel de contaminación por concurrencia de personas y recipientes de basura inciden significativamente baja en la bioecologia marina.

Durante la investigación desarrollada se tuvo que realizar algunas estrategias para obtener la información requerida, teniendo como debilidad de realizar la extracción de las muestras en la Zona de San Isidro, Miraflores, Barranco y Chorrillos, debido a la pandemia, y como fortaleza la participación de los estudiantes del 5to año para solicitar su apoyo y realizar la encuesta vía la plataforma Forms y la otra en forma presencial que realice en la zona de muestreo, con la finalidad de contrastar las respuestas obtenidas por los alumnos. La cual se obtuvo los resultados que hemos tratado en esta sección.

4.5. Discusión

A partir de los hallazgos encontrados, aceptamos la hipotesis alterna general que establece que el nivel de contaminación por residuos sólidos costeros se relaciona significativamente con la bioecologia marina de las playas de San Isidro, Miraflores, Barranco y Chorrillos. Un hallazgo significativo y de mucha relevancia es el hecho de que la gran mayoría de encuestados y entrevistados, reconocen que la playa de San Isidro y Barranco son las que ha mantenido la contaminación de residuos sólidos producida por el poco cuidado en la limpieza de sus playas y no hayan valorado la seguridad sanitaria de ellas, sobre todo en San Isidro que es una zona de acumulamiento de basura constante por la dirección de las corrientes marinas que trasladan plásticos, maderas, cartones, hiervas y animales muertos, cuando sube la marea.

Estos resultados guardan relación con lo que sostienen Guillen et, al. (1978) y Rodenas (2019) cuando son arrojados por los visitantes que acuden a depositarlos clandestinamente en la zona costera marina. Asimismo, La Comisión Permanente del Pacífico Sur La organización CPPS (2014) considera el metal y vidrio como parte de este tipo de contaminantes. Pero el principal representante de este grupo es el plástico que son los que predominaban en las playas de San Isidro, Barranco y Chorrillos. Rodenas (2019) manifiesta cuando no había la pandemia, en la playa de San Isidro estaba contaminado con compuestos de: madera, papel, cartones y telas, en las payas de Barranco predominaban los plásticos, latas, hojalata y en las playas de San Isidro y Barranco donde predominaban los fierros, materiales de construcción y animales muertos. Actualmente, los resultados obtenidos en esos niveles altos en ese año no coinciden con los resultados obtenidos en la investigación con pandemia, de acuerdo con el análisis estadístico de las encuestas existe una correlación baja en San Isidro y Barranco con la contaminados con fierros, maderas, hiervas, hoja, ramas y vegetales. Tampoco coincide con los resultados en las playas de Miraflores y Chorrillos por tener una correlación muy baja de contaminación por residuos sólidos.

Otro hallazgo importante está relacionado con el nivel de contaminación por residuos y fecales sólidos en los enrocados, espigones y la zona marina. Existen normas legales que permiten prever dicha contaminación como Ley N° 27972 Ley Orgánica de Municipalidades Art 73 Inciso 3.3, Art 80 Inciso 3.2, aprobada en el 2003 la que tienen entre sus funciones promover la educación e investigación ambiental en su localidad e incentivar la participación ciudadana en todos sus niveles; también regular y controlar el aseo, higiene y salubridad en las playas y otros lugares públicos locales, la cual cae en saco roto, porque son pocos las que la conocen y la ponen en ejecución en sus jurisdicciones. Rodenas (2019) en tiempo de pandemia sugirió a las autoridades de turno para proponer normas legales para el cuidado de la zona costera y de las playas de cada jurisdicción municipal. El flujo de estos compuestos arrojados y las concentraciones varían significativamente de acuerdo con lo reportado en el contexto similares obtenidos en la investigación. Esto daña al ecosistema, causa una mala imagen, repercute en su economía reduciendo el turismo y obliga a financiar programas de limpieza en las playas de San Isidro y Barranco. De estos resultados se propone nuevamente brindar los datos más resaltantes producto de las observaciones realizadas insitu en las playas para sugerir la actualización de las normas que permitan mejorar y actualizar las ya existente para el mejor servicio a la población que concurren a las playas de cada jurisdicción. Existe una correlación muy baja de contaminación entre el nivel de contaminación por residuos y fecales sólidos en los enrocados, espigones y la zona marina en Miraflores, Barranco y Chorrillos en relación con los resultados obtenidos en la investigación que no coinciden con los reportados por Rodenas (2019), sin embargo, con relación a la playa de San Isidro sigue siendo aún alta la contaminación existente.

El resultado obtenido en la investigación sobre el nivel de contaminación por transporte vehicular y aves, es muy baja la correlación existentes con la bioecologia marina, no guarda relación con lo reportado por Rodenas (2019) cuando no había pandemia, que existía una alta contaminación por la existencias de transportes vehicular que dejaban en horas nocturnos descargas de materiales de construcción y malezas en la zona costera y además por la permanencia de las aves que defecaban cerca de la zona costera que al disgregarse en partículas contaminaban las playas.

Las playas de San Isidro, Barranco y Chorrillos siempre han sido escasos los recipientes de basura (Rodenas, 2019). La playa de agua dulce ha sido la más concurrida, siendo una de las más populares y muy visitada antes de la pandemia por pobladores de distintos distritos de Lima Metropolitana, al realizar la encuesta se observaron que las playas de San Isidro y Barranco no contaban con la presencia de recipientes de basura en la zona costera. En cambio, en las playas de Miraflores y Chorrillos se encontraron muy frecuente y frecuente con recipientes de basura; las personas que pernoctan o descansan en ese lugar por diversión o trabajo, no tienen cerca estos recipientes para arrojar los desperdicios u otros residuos sólidos que generan en ese lugar.

Estos resultados guardan relación con lo que manifiestan la Dirección General de Capitanías y Guardacostas (2014) "La población debe tener conciencia de no ensuciar las playas, mientras que las autoridades municipales deben cumplir con disponer de recipientes y con el recojo oportuno de los residuos (basura), las veces que sea necesario tomando en cuenta la afluencia de público".

Los resultados de la Bioecologia de la zona costera marina, se ha realizado primeramente la determinación de los factores físico y químico, siendo la concentración del oxígeno disuelto de la presente investigación de 2,8 mg/L, que varían entre 2,87 – 2,79 mg/L, estableciendo que estos valores están por debajo del valor estándar, por lo que es preciso mencionar el estudio de investigación de la Dirección de Hidrografía y Navegación (2013), donde determina que la presencia y concentración del parámetro de oxígeno disuelto, es esencial para garantizar el mantenimiento de los organismos vivos, su reproducción y desarrollo; así como también para evaluar los efectos de potenciales agentes contaminantes, ya que cuando hay bajos niveles o ausencia de oxígeno en el agua, puede ser un indicador de contaminación elevada. En cuanto a la temperatura superficial, se determinó un promedio de 19,5 ºC ambiental, para el agua de 15,5 ºC y para la salinidad de 34,5 ‰, respectivamente, que está dentro del rango permisible para el hábitat de los organismos que se encuentran en las playas de San Isidro, Miraflores Barranco y Chorrillos. Los resultados para la medición de los organismos se realizaron mediante el conteo de la población al azar y para la taxonomía se utilizó los catálogos de Skoglund (2001 b), Magluf (2014) y Odum. (1998), se comparó las características de los organismos donde muchas algas poseen cuerpos resistentes y flexibles, capaces de doblarse con el vaivén de las olas sin romperse, los animales se encuentran encastrados en conchas calcáreas duras como las de los cangrejos, moluscos, estrellas de mar, o se encuentran recubiertos por una epidermis tenaz, como en el caso de la anemona y el pulpo, todo ello se relaciona con los organismos que habitan en la zona intermareal muestreada, donde encontramos conglomerado de algas verdes, pardas, azules y organismos como la lapa, estrellas de mar, choritos y arañas de mar compartiendo su hábitat en los espigones y playas en toda su magnitud. Con la construcción de un rompe olas en Chorrillos para dar vida a un club náutico, se ha interrumpido el flujo de las masas de agua cuyas corrientes son desviadas y producen acarreo de arena a otros lugares dejando las playas aledañas con incremento de zonas rocosas y pedregosas como son las playas de Barranco, Miraflores y San Isidro; en cuyas playas, según la investigación ha decrecido la cantidad de organismos por metro cuadro , como es el caso del muy muy, las algas verdes y pardas, que ya no se encuentra en cantidades de décadas pasadas, a pesar de la poca concurrencia de visitantes y bañistas, como se corrobora en los resultados de la investigación, Rodenas (2019) producto de la contaminación de las playas y espigones, la degradación de los rellenos de construcción, la defecación de las aves marinas que pernoctan en los cables de energía y por los materiales como las arcillas y el limo que entran en suspensión y son transportados en diferentes direcciones según las mareas, oleajes, corrientes y vientos, afectando directamente a los organismos que habitan en esos lugares.

Dentro del marco político, la Oficina Internacional del Trabajo a través de la Comisión Económica para América Latina y el Caribe. (1996). Dice "… sobre el borde costero (zona costera - playas) que sea un instrumento para el desarrollo sostenible, debe apuntar al uso equitativo de los recursos naturales y a la durabilidad de los beneficios derivados del aprovechamiento, más allá de los intereses coyunturales...", con relación al cuidado de los recursos hidrobiológicos existentes en las zonas costeras. Sin embargo, esto no se cumple según los resultados obtenidos en la investigación, porque, los bañistas y visitantes no respetan ni cuidan las playas, donde arrojan residuos sólidos, botellas plásticas o vidrio de gaseosa o de licor que consumen cuando se encuentran en juerga o festejos de índole patronal civil o religioso. Agüero (1996)." El manejo de la zona costera es un tema largamente analizado y debatido en el plano nacional e internacional, al que la búsqueda del desarrollo sostenible ha dado un contenido nuevo y clarificador". Aun cuando las zonas costeras no resistieran esa importancia fundamental en cuanto a sus impactos sobre el medio marino, la necesidad de estrategias de manejo se justificaría solamente por su condición de que proporcionarán, en el ámbito mundial, subsistencia para aproximadamente dos billones de personas para el año 2000". Hoy nos encontramos en el 2021 y la situación no ha cambiado, a pesar de que estamos en pandemia donde la población no concurre muy seguido a las playas, por el contrario, se ha empeorado, por las deficientes políticas implementadas en el cuidado del contagio por Coronavirus – 19, por el manejo inadecuado de la zona costera y por la falta de protección de las playas ante la contaminación que afecta a los organismos a causando un gran impacto en su reproducción y sostenibilidad del recurso.

4.6. Conclusiones

En el trabajo anterior se determinó el nivel de contaminación por residuos sólidos costeros tuvo una correlación alta y se determinó que las playas más contaminadas eran San Isidro, Barranco y Chorrillos, y en menor situación, fue las playas de Miraflores. En el trabajo actual existe una correlación nivel bajo y muy bajo de contaminación en las playas de San Isidro, Miraflores, Barranco y Chorrillos, pero sigue siendo San Isidro la que continúa contaminada por residuos sólidos seguido por la playa de Barranquito.

Lo más importante fue que las playas de Miraflores y Chorrillos fueron las menos contaminadas por residuos sólidos. Lo que más ayudo para que no se incrementara fue la implementación de mayor servicio en la limpieza, mayores recipientes de basura, instalación de letrinas portátiles y recojo constante de basura en los enrocados y espigones de sus playas. También, se obtuvo el nivel de correlación muy bajo comparado con las otras playas producto de la poca concurrencia durante este periodo de pandemia.

Se diseño una encuesta con el fin de realizar un diagnóstico más acertado frente a este problema dirigido a los visitantes, bañistas y pescadores que se relacionan en el tema ambiental, de las cuales se obtuvo como resultado (20) veinte aplicaciones, facilitando la generación de soluciones que pudieran impactar de manera positiva el entorno socioeconómico. Después de realizar esta encuesta se determinó que este problema es de conocimiento pleno de ciertos grupos, las entidades que más se preocupan por dar a conocer esta problemática son los grupos ambientalistas y las universidades.

Al analizar la información adquirida de este trabajo de investigación se puede concluir que la más contaminada sigue siendo la playa de San Isidro seguido de la Barranquito. Se determino, además, la clasificación taxonómica de los organismos que habitan en la zona costera y cuya predominancia fueron las algas pardas, puesto que los resultados de la encuesta aplicada a los visitantes y bañistas así lo manifiestan. Lo más difícil fue la toma de muestra de los organismos que habitan en la zona costera y la medida de los parámetros fisicoquímicos de la zona costera, porque había que protegerse, para no contagiarse con el COVID – 19.

La contaminación por residuos sólidos en las zonas costeras (Playas) en los distritos de San Isidro, Miraflores, Barranco y Chorrillos en el Perú, se producen frecuentemente por la presencia de visitantes, bañistas y turistas, cuando realizan sus reuniones o festejos en forma personal o en grupos y arrojan desperdicios en las playas y espigones, donde habitan una gran cantidad de organismos animales y vegetales. También se ven afectados por la presencia de aves, vehículos de transportes y pequeñas embarcaciones, que las utilizan en sus faenas de pesca y son acoderados en las playas.

En estos últimos dos años en tiempo de pandemia, han sido poco frecuentadas, sin embargo, por la descarga de aguas servidas y por residuos sólidos (materiales de construcción, plásticos, cartones, etc.,) que quedaron esparcidos en la zona costera o en el mar como si fueran botaderos, no han dejado de contaminar las zonas de transición e intermareales de los espigones, playas, suelo y subsuelo de las zonas costera.

En el desarrollo de la investigación hemos tenido en cuenta los antecedentes, aunque son pocos, pero son muy representativos en la especialidad, donde damos a conocer como son afectadas las playas de la zona costera marina por residuos sólidos a lo largo de este tiempo que se han ido produciendo en dichas zonas. Para ello, se hizo necesario la aplicación de métodos y técnicas que permitieron conocer los procesos que contribuyen a la contaminación de la playas costeras de San Isidro, Miraflores, Barranco y Chorrillos, asimismo, de acuerdo a la comparación de algunos estudios que se han realizado, donde mencionan que, es necesario el cuidado de la existencias de organismos acuáticos y del equilibrio bioecológico para que se mantenga la pesca artesanal de subsistencia y que permita los ajustes necesarios para el logro de una calidad de vida.

Se han determinado la existencia de los organismos que habitan en la zona costera de las playas de San Isidro, Miraflores, Barranco y Chorrillos, que se relacionan con lo tratado por Magluf (2014) y lo encontrado en la investigación (Tabla 18), representados por los organismos más representativos como son los peces: Pejerrey (Odontesthes sp.) y borrachos (Scartchthys gigas); las microalgas encontradas: Chaetoceros lorenzianus, Coscinodiscus radiatus, Detonula pumila, Skeletonema costatum, Dinophysis caudata, Ceratium furca y las macroalgas encontradas. Lechuga de mar (Ulva lactuca).rodofíceas (algas rojas) y clorofíceas (algas verdes); Organismos como: Balanus laevis, Scurria ceciliana, Megabalanus psittacus, Estrella sol (Heliaster heliantus), Chorito (Semimytilus algosus), Lapa (Fissurella máxima), Pico de loro (Balanus laevis), Araña de mar (Grapsus grapsus), Chitón (Chiton gronosus); Aves: Cormoran (Phalacrocorax brasilianus, Piquero peruano (Sula variegata), Pelicano peruano (Pelecanus thagus).

El medio acuático tuvo en promedio una temperatura del agua de 15,5 °C; del ambiente de 19,5 °C; el oxígeno disuelto de 2,8 mg/L y una salinidad de 34,5 ‰. Los cuales fueron tomados durante los meses de marzo a noviembre a las 11:30 horas. en las playas respectivas y al variar bruscamente pueden degradar la materia orgánica y descomponerla rápidamente, así como, influir en el comportamiento bioecológico de los organismos que habitan en los espigones y playas.

Las acciones para enfrentar este problema afrontan una falta de compromiso por parte de las autoridades tanto locales como gubernamentales pues falta difundir con más fuerza y publicidad para motivar a los ciudadanos y ser partícipes del cambio ambiental producto del mal manejo de los residuos sólidos.

4.7. Recomendaciones

Se tiene que ver las repercusiones sociales que trajo y trae la pandemia en cuanto a las restricciones para la salida de pesca y concurrencias a las playas como medida no adecuada para la salud de los visitantes y bañistas. El uso adecuado de las mascarillas y lavado de manos deben ser considerados como prioridad por las autoridades de turno en lugares conglomerados. Se debe permitir la salida de los pescadores a la mar para hacer sus faenas de pesca, por ser su único sustento de alimentación y sostén de sus familias. Las autoridades de las playas de Barranco y San Isidro deben mejorar el cuidado de sus playas optando medidas de control de limpieza mediante el aumento de recipientes de basura en los lugares más apropiados para su uso por los visitantes y bañistas. Las autoridades de turno deben de coordinar y realizar proyectos juntamente con las instituciones que tienen que ver con la contaminación ambiental y el cuidado del transporte acuático y terrestre. Realizar la Metodología para los Estudios de Impacto Ambiental, Plan de Manejo Ambiental, que incluye el Programa de Prevención y Mitigación Ambiental, también, es necesario actualizar el Programa de Manejo de Residuos Sólidos, Programa de Monitoreo Ambiental y el Plan de Contingencias en la zona costera del litoral.

Referencias Bibliográficas

Agüero M. (1996). "Impactos ambientales en la zona costera". Faro. I C.E.D.S.A.

Comisión Económica para América Latina y el Caribe. (1996). "La política de borde costero como un instrumento de desarrollo sostenible. Análisis desde la normativa ambiental internacional y regional".

CPPS (2014). Estado del Medio Ambiente Marino y Costero del Pacífico Sudeste. Comisión Permanente del Pacífico Sur - CPPS. Guayaquil, Ecuador. Serie Estudios Regionales No. 4. 244 p.

Dirección de Hidrografía y Navegación. 2009b. Estudio de la dinámica costera en la Costa Verde. 231 pp. D.S. 034-2004-AG.

Directiva Sanitaria que establece el Procedimiento para la Evaluación de la Calidad Sanitaria de las Playas del Litoral Peruano: Directiva Sanitaria N° 038-MINSA/DIGESA – v.01 / Ministerio de Salud. Dirección General de Salud Ambiental –Lima: Ministerio de Salud; 2011.19 p.; tab.

El peruano (2014). DECRETO SUPREMO N° 015-2014-DE - Decreto Supremo que aprueba el Reglamento del Decreto Legislativo N° 1147, que regula el fortalecimiento de las Fuerzas Armadas en las competencias de la Autoridad Marítima Nacional - Dirección General de Capitanías y Guardacostas

Guillen, O (1978). Fuentes, niveles, y efectos de contaminación marina en el Perú.

Hernandez, R. (2014). Metodologia de la Investigacion. Edicion 6. D.F., Mexico.

Ley Orgánica de Municipalidades. (2003). Ley 27972. Art 73 Inciso 3.3, Art 80 Inciso 3.2. Ley N° 26856 y su Reglamento N° 050-2006

Informe, Estudio del Litoral. Departamento de Biología de la Universidad Ricardo Palma. 1980.

IMARPE. Estudio Línea Base Callao (21 – 30 noviembre 2011)", Gerencia Regional de planeamiento, presupuesto y acondicionamiento territorial.

Informe, Estudio del Litoral. Departamento de Biología de la Universidad Ricardo Palma. 1980.

Koepke, M. 1964. Las aves del Departamento de Lima. Gráfica Morsom S. A., Lima, pp. 1-128.

Leceta, F. (2011). Análisis de variabilidad temporal de la línea de costa mediante la aplicación de métodos de teledetección y sistema de información geográfica: Bahía de Miraflores, Perú 1936-2005. Tesis de Licenciatura en Geografía. Pontificia Universidad Católica del Perú.

Majluf, Patricia. (2014). "Identificación de Ecosistemas y Servicios Ecosistémicos dentro del ámbito de la Costa Verde". Fundación Cayetano Heredia: Centro para la Sostenibilidad Ambiental de la Universidad Peruana Cayetano Heredia.

Martínez, A. (1976). Estudio de Investigación sobre Acantilados desde la Punta hasta el Morro Solar. I Convención Nacional de Mecánica de Suelos. Universidad Ricardo Palma.

Odum, E (1998). Ecologia Marina. Ed. Acribia. España

Petersen, G. (1939-1949). Geografía y Geología General del Litoral Peruano. Edit. Ausonia – Talleres Gráficos. TM I.

Rodenas Seytuque, P. J. (2019). La Contaminación y la bioecología en La zona costera de San Isidro, Miraflores, Barranco y Chorrillos. Cátedra Villarreal, 7(2). https://doi.org/10.24039/cv201972816

Sánchez. A, L. (2019) "Evaluación de la Calidad del Agua de Mar en la Playa Cantolao – Sector Espigón del Abtao en la Bahía del Callao". Tesis para optar el Título

Profesional. Facultad de Ingeniería Geográfica, Ambiental y Ecoturismo. UNFV. Lima- Perú.

Schweigger, E (1964). El Litoral Peruano. Edit. Gráfica Morson. 2da. Edic. Perú

Skoglund, Carol. (2001 b). Panamic Porvinci Molluscan Literature. Additions changes from 1971 through 2000. The Fistivus. Vol. 32 (Supplement), i + 20 pp. (Juanuary 19).

Wuitner,E. (1921). "Les algues Marines"2 eme. Edition, Edit. Paul Lechevalier, París, Tm. VII.

Tait, R. (1987) Elementos de Ecología Marina. Edit. Acribia.

PARTE II

Caso 2: La contaminación por residuos sólidos en las playas en los distritos de Cantolao – Callao en el Perú

La preocupación a nivel mundial se viene dando por la contaminación por residuos sólidos en las zonas costeras. De acuerdo con un informe de las Naciones Unidas (2009), los residuos plásticos provocan la muerte de más de un millón de aves marinas cada año y de 100 mil mamíferos acuáticos.

En el Perú, las playas de Lima son las que generan la mayor cantidad de residuos sólidos. La contaminación en las playas del litoral peruano, por residuos orgánicos e inorgánicos arrojados por los bañistas, pueden traer consecuencias en la salud de las personas como enfermedades en la piel y vista, así como problemas gastrointestinales, Ministerio de Salud (Minsa). Agencia Peruana de Noticias (APN, 2018)

La preocupación latente durante estas últimas décadas en el Perú se viene dando por la contaminación por residuos sólidos, que es el proceso por el cual se producen alteraciones de las propiedades físicas, químicas y biológicas en el suelo, por acción de procesos naturales o artificiales. Estos producen efectos nocivos o peligrosos, tales como la destrucción o daños a los recursos vivos, a la vida acuática y/o a la zona costera; peligros para la salud humana; obstaculización de las actividades acuáticas, incluida la pesca y otros usos legítimos de las aguas en deterioro del medio ambiente y lugares de esparcimiento.

El conocimiento de contaminación que se realiza a lo largo del litoral peruano por las actividades que se llevan en el puerto, los desagües industriales y por la descarga del río Rímac, en el Callao. Causa preocupación de no haber sido sujetos de investigación de contaminación por residuos sólidos a pesar de contar con tres playas: Regatas Unión (Cantolao 1), García García (Cantolao 2), Zona Naval (Cantolao 3) compuestas de piedras o cantos rodados que se asientan frente al malecón "Figueredo" y la Escuela Naval del Perú. donde habitan una gran cantidad de organismos animales y vegetales; estos se encuentran en constante peligro de contaminación: por la afluencia de la población o bañistas, por la descarga de aguas servidas y por residuos sólidos (materiales de construcción), que son esparcidos en la zona costera o en el mar como si fueran botaderos.

Figura 3. *Playa de Cantolao - Callao*

Hay diversos tipos de residuos sólidos, como los que se generan en las ciudades (domésticos, residenciales, institucionales o comerciales), agrícolas o industriales (sectores productivos, industrias, polígonos industriales, sanitarios, etc.). Sánchez (2019), estos producen efectos nocivos o peligrosos, tales como la destrucción o daños a los recursos vivos, a la vida acuática y/o a la zona costera;

De acuerdo (Arriaga Mosquera, 1976) y (Malnati Fano, 1976), señalan al Callao como un área de mayor contaminación a lo largo del litoral peruano por las actividades que se llevan en el puerto, los desagües industriales y por la descarga del río Rímac.

Asimismo, por ser una zona de biodiversidad acuática, tener playas que son expuestas a ser contaminadas por los bañistas y donde se desarrollan actividad de pesca y turismo, no han sido sujeto de hacer investigaciones o estudios relacionados a la contaminación por residuos sólidos que generan un fuerte impacto en sus playas en la zona costera del Callao.

En tal sentido, la playa de Cantolao que está compuesta de piedras o cantos rodados y se asienta frente al malecón "Figueredo" y la Escuela Naval del Perú, ubicada en el Distrito de La Punta, Provincia Constitucional del Callao Departamento de Lima, requiere de ser evaluada sobre la calidad del medio costero, mediante la relación que tiene los residuos sólidos con la bioecologia de la playa de Cantolao, identificar a los organismos que la habitan y los factores físico, químicos y biológicos de importancia para la vida de los organismos acuáticos, a fin de proponer y sugerir a las entidades del Gobierno de turno sobre los resultados obtenidos en la investigación para mitigar la contaminación de la playa de Cantolao. Por lo que se formula la siguiente interrogante:

¿En qué medida el nivel de contaminación por residuos sólidos costeros incide en la bioecologia marina de la playa de Cantolao?

Un informe de Greenpeace se calcula que tan sólo un 15% de la basura que se vierte el mar termina en las playas. El 70% se hunde y el otro 15% queda en la columna de agua. Ello evidencia la cantidad de basura que queda en los mares fuera de la vista de todos, pero provocando graves daños ambientales.

La contaminación en las playas del litoral peruano, por residuos orgánicos e inorgánicos arrojados por los bañistas, pueden traer consecuencias en la salud de las personas como enfermedades en la piel y vista, así como problemas gastrointestinales, alertó el Ministerio de Salud (Minsa). Agencia Peruana de Noticias (APN, 2018)

"La población debe tener conciencia de no ensuciar las playas, mientras que las autoridades municipales deben cumplir con disponer de recipientes y con el recojo oportuno de los residuos (basura), las veces que sea necesario tomando en cuenta la afluencia de público", señaló Ana Che León Vásquez, especialista de Digesa. (APN, 2018)

Residuos sólidos

Según el Ministerio del Ambiente (MINAM, 2013) "Los residuos sólidos son aquellas sustancias, productos o subproductos en estado sólido o semisólido de los que su generador dispone, o está obligado a disponer, en virtud de lo establecido en la normatividad nacional o de los riesgos que causan a la salud y el ambiente". Hay diversos tipos de residuos sólidos, como los que se generan en las ciudades (domésticos, residenciales, institucionales o comerciales), agrícolas o industriales (sectores productivos, industrias, polígonos industriales, sanitarios, etc.). Sánchez (2019), estos producen efectos nocivos o peligrosos, tales como la destrucción o daños a los recursos vivos, a la vida acuática y/o a la zona costera; peligros para la salud humana; obstaculización de las actividades acuáticas, incluida la pesca y otros usos legítimos de las aguas en deterioro del medio ambiente y lugares de esparcimiento. Los principales residuos son producidos por la actividad humana. (p. 17)

Clasificación de los residuos

Los residuos sólidos se clasifican en:

- Residuos orgánicos
- Son sustancias que se pueden descomponerse en un tiempo relativamente corto. Como, por ejemplo
  - cáscaras de frutas y verduras,
  - residuos de comida,
  - hierbas, hojas y raíces; vegetales,
  - madera,
  - papeles,
  - cartón y telas entre otros.
- Residuos inorgánico. - (No se descomponen)

Son aquellos materiales y elementos que, no se descomponen fácilmente y sufren ciclos de degradación muy largos. Entre ellos están:

- los plásticos,
- loza,
- vidrio,
- hojalata,
- zinc, hierro,
- latas,
- desechos de construcción.

Los residuos sólidos inorgánicos, son los mayores generadores de impacto ambiental por su difícil degradación. Estos generan problemas a la hora de su disposición por no realizarse de manera adecuada, lo que da paso al deterioro del medio ambiente.

De las normas legales

Ante esta problemática nuestro país ha iniciado una serie de cambios dentro de su legislación tendiente para abatir o en su caso prevenir o controlar la contaminación. En el 2003 se aprobó la Ley N° 27972 Ley Orgánica de Municipalidades Art 73 Inciso 3.3, Art 80 Inciso 3.2, que tienen entre sus funciones promover la educación e investigación ambiental en su localidad e incentivar la participación ciudadana en todos sus niveles; también regular y controlar el aseo, higiene y salubridad en las playas y otros lugares públicos locales.

La Ley N° 26856 y su Reglamento N° 050-2006: Establece que las playas del litoral son bienes de uso público, inalienables e imprescriptibles y establecen zona de dominio restringido.

MINSA (2010) en la directiva sanitaria N° 038, establece el Procedimiento para la Evaluación de la Calidad Sanitaria de las Playas del Litoral Peruano, donde define que, los Residuos Sólidos: "Son aquellas sustancias, productos o subproductos en estado sólido o semisólido, cuyo generador dispone o está obligado a disponer en determinadas condiciones, en virtud de los establecido en la normatividad nacional o de los riesgos que causan a la salud y el ambiente" y que la inspección y la vigilancia de las playas estará a cargo del personal de salud de las DISAS, DIRESAS y GERESAS o las que hagan sus veces en el ámbito regional; capacitados en la toma de muestra e inspección sanitaria de las playas.

Zona costera

La zona costera o zona marino-costera es el espacio geomorfológico a uno y otro lado de la orilla del mar en el que se produce la interacción entre la parte marina y la parte terrestre a través de los sistemas ecológicos y de recursos complejos formados por componentes bióticos y abióticos que coexisten e interactúan con las comunidades humanas y las actividades socioeconómicas pertinentes. (Protocolo de Barcelona, 2009, p, 113).

La zona marino-costera del Perú tiene una gran importancia económica, social, cultural y ambiental. Las diversas actividades que se realizan en este espacio marino son relevantes para la seguridad alimentaria, la economía nacional y el comercio internacional y en general para el bienestar humano de su población; la pesca, el turismo, la maricultura, el transporte marítimo, etc. Asimismo, está constituida por algunos hábitats, tales como:

manglares, islas, playas, bosques de algas, entre otros; los cuales son fuente de servicios ecosistémicos; esparcimiento, biomasa, protección, regulación, etc. y constituyen la base para las actividades humanas y son fuente de beneficio para el país. (Minan, 2015, p, 5)

Una playa es un lugar en la orilla del mar donde se depositan y se acumulan partículas de arena, grava no consolidada o fango. Cada playa recibe sus arenas principalmente de fuentes cercanas (Morelock, 1978, p. 24) y están dominadas ampliamente por moluscos como el muy muy (Emerita analoga) y la macha (Mesodesma donacium), por el cangrejo carretero (Ocypode gaudichaudii) y peces como el lenguado (Paralichthys spp.), la corvina (Sciaena gilberti), la lorna (Scianena

66

deliciosa) y el tollo (Mustellus spp). También se encuentran aves como el playero blanco (Cadrilis alba) y el flamenco común (Phoenicopterus chilensis). Asimismo, en la zona intermareal de las playas se dan los Fondos de conchuela, formados por los restos de las conchas de moluscos, que se presentan a lo largo de toda la costa. Aquí se pueden encontrar especialmente la concha de abanico (Argopecten purpuratus) y el cangrejo de arena (Hepatus chiliensis). (Magluf, 2014, p.25)

El litoral rocoso es una unidad ecológica conformada por una comunidad biológica asentada sobre las rocas conformado por: la zona supralitoral que recibe humedad por el rocío de la ola por lo que es también llamada zona de salpicadura. Los animales que viven aquí son aquellos que soportan la desecación, esta zona es dominada por moluscos gasterópodos, representantes de los crustáceos decápodos que se alimentan de las algas y cianobacterias que se encuentran adheridas a las rocas. La Zona mesolitoral, que es la franja del litoral donde la marea es más activa, allí crecen las praderas de macroalgas por ejemplo de los géneros Hynea, Gracilaria, Enteromorpha, Cladophora y algas calcáreas como el género Porolithon. Otros organismos típicos de la zona son los balanos y los chitones. La Zona infralitoral que esta siempre sumergida. Allí habitan algas macroscópicas como las verdes de los géneros Ulva, Caulerpa, Halimeda ; las pardas como Dictyota, Sargasum y las rojas Laurencia, Gracilaria, Hypnea y Gelidium. (Magluf 2014. p, 26) . Los peces más comunes en fondos rocosos en la costa sur son el Trambollo (Labrisomos philipii) y el Borracho (Scartichthys gigas).

Especies muy comunes de moluscos en fondos rocosos son las lapas Fissurella

latimarginata, chitones Chiton cummingsii, Enoplochiton niger, Trochidae (Tegula atra, T. tridentata, T. euryomphalus), Turbinidae (Prisogaster niger), Thaididae (Thais chocolate, Thais delessertiana, Crassilabrum crassilabrum), Calyptraeidae (Crepipatella dilatata, Calyptraea trochiformis), Columbellidae (Mitrella unifasciata) y Mytilidae (Aulacomya ater). Entre los crustáceos comunes se encuentran Rhynchocinetes typus, las Porcellanidae (Pachycheles crinimanus, Liopetrolisthes mitra), el Cangrejo peludo (Cancer setosus), y los Xanthidae (Cycloxanthops sexdecimdentatus, Platyxanthus orbignyi, Gaudichaudia gaudichaudii). También se pueden encontrar otras especies de choros como Perymytilus purpuratus y Seminytilus algosus. Un crustáceo común es la araña de las rocas (Grapsus grapsus). p. 26 Las macroalgas son organismos autótrofos y productores primarios de los ecosistemas marinos costeros y comúnmente se dividen en algas rojas (Rhodophyta), pardas (Ochrophyta) y verdes (Chlorophyta), siendo las primeras el grupo más diverso en la mayoría de los ambientes marinos. Proporcionan múltiples beneficios a través de la captación de CO_2, purificación del agua de mar, protección de ambientes costeros y además constituyen estructuradores de hábitats bentónicos, brindando espacio habitable, refugio y lugar para la reproducción de numerosas especies marinas. (IMARPE, 2019, p, 5)

Resultados

1. Interpretación de resultados Variable Independiente.

El propósito de esta sección es de presentar los resultados del desarrollo de los objetivos propuestos en la investigación, y verificar las hipótesis planteadas, a través de los ítems que a continuación se analizan.

Análisis de los resultados de las encuestas en la zona costera de Cantolao: Cantolao 2 (Garcia Garcia).

A.   Contaminación por residuos sólidos costeros

La variable asociada, presenta una característica muy especial al tener que corroborar su presencia en las zonas costeras marinas de Chucuito y Cantolao, por ser un lugar de esparcimiento, de hábitat de organismos aprovechados por los pescadores y turistas que visitan el Callao.

Con relación a este contexto se plateo las siguientes preguntas a los bañistas y visitantes.

Tabla 2. *La zona costera se encuentra con hiervas, hoja, ramas, vegetales*

Alternativas	Frecuencia	Porcentaje
Casi nunca	2	1,3
Poco frecuente	2	1,3
Regularmente frecuente	11	7,3
Frecuente	28	18,7
Muy frecuente	107	71,3
Total	150	100,0

Referente a la pregunta, los bañistas y visitantes manifiestan que existe una contaminación con hiervas, hoja, ramas, vegetales en un 71,3% en la zona costera de Cantolao 2- Garcia Garcia, seguido de un 18,7 % representativo de contaminación y un 9,9 % regularmente frecuente, poco frecuente y casi nunca, que hacen el 100% de los encuestados

Analizando esta información encontramos efectivamente la gran mayoría de encuestados y entrevistados, reconocen que la zona costera de Cantolao 2- Garcia Garcia es muy concurrida por visitantes y pescadores, por eso está contaminada con hiervas, hoja, ramas, vegetales (desmontes) por trabajos que realizan y por la pandemia que no fueron recogidos, estos podrían incrementar la contaminación en dicha zona al descomponerse la materia orgánica.

Tabla 3. *La zona costera se encuentra con madera, hojas, ramas, vegetables*

Alternativas	Frecuencia	Porcentaje
Casi nunca	0	0.0
Poco frecuente	6	4,0
Regularmente frecuente	21	14,0
Frecuente	46	30,7
Muy frecuente	77	51,3
Total	150	100,0

Referente a la pregunta, los bañistas y visitantes manifiestan que existe una contaminación con hiervas, hoja, ramas, vegetales en un 51,3% en la zona costera de Cantolao 2- García García, seguido de un 30,7 % y 18,0% de contaminación de forma regularmente frecuente, poco frecuente y casi nunca, que hacen el 100% de los encuestados

Analizando esta información encontramos efectivamente la gran mayoría de encuestados y entrevistados, reconocen que la zona costera de Cantolao 2- Garcia Garcia es muy concurrida por visitantes y pescadores, por eso está contaminada con madera, hojas, ramas, vegetables (desmontes) por trabajos que realizan y por la pandemia que no fueron recogidos en forma oportuna. Esto podría incrementar la contaminación al descomponerse la materia orgánica en la zona costera.

Tabla 4. *En la zona costera se encuentra con plásticos, latas, hojalata, vidrios*

Alternativas	Frecuencia	Porcentaje
Casi nunca	21	14,0
Poco frecuente	15	10,0
Regularmente frecuente	43	28,7
Frecuente	36	24,0
Muy frecuente	35	23,3
Total	150	100,0

Los resultados muestran a la pregunta a los bañistas y visitantes que en un 28,7 % se encuentran contaminados con la presencia de plásticos, latas, hojalata, vidrios en la zona costera de Cantolao 2- Garcia Garcia, seguido de un 24,0 %, y 23,3 % que corroboran en su mayoría seguido de un 24,0 % que lo hacen poco frecuente y casi nunca frecuente, que hacen el 100% de los encuestados.

Analizando esta información encontramos efectivamente la gran mayoría de encuestados y entrevistados, reconocen que la zona costera de Cantolao 2- Garcia Garcia es muy concurrida por visitantes y pescadores, por eso existe una acumulación con plásticos, latas, hojalata y vidrios producto de sus labores y por no tener donde arrojarlos. Además, dichos residuos no son recolectados por los trabajadores de limpieza posiblemente por la pandemia, esto se hace más grabe por ser materias poco biodegradables, que al manipularlos podrían sufrir cortes o punzadas en el pie u otro órgano, produciéndose una infección muy peligrosa.

Tabla 5. *En la zona costera se encuentra con fierros, materiales de construcción, animales muertos*

Alternativas	Frecuencia	Porcentaje
Casi nunca	1	,7
Poco frecuente	7	4,7
Regularmente frecuente	13	8,7
Frecuente	31	20,7
Muy frecuente	98	65,3
Total	150	100,0

Los bañistas y visitantes responden, que la zona costera de Cantolao 2- Garcia Garcia, en un 65,3% y 20,7% se encuentra contaminados con fierros, materiales de construcción, animales muertos mayormente y en un menor porcentaje de 14,0 % que están contaminados, que hacen el 100% de los encuestados.

Analizando esta información encontramos efectivamente la gran mayoría de un 81,0 % está contaminado la zona costera de Cantolao 2- Garcia Garcia, al ser muy concurrida y casi desolada sirve de botadero clandestino por las noches al no haber vigilancia y con poco alumbrado eléctrico en la zona.

Tabla 6. *En la zona costera se encuentra con residuos fecales*

Alternativas	Frecuencia	Porcentaje
Casi nunca	1	,7
Poco frecuente	8	5,3
Regularmente frecuente	30	20,0
Frecuente	50	33,3
Muy frecuente	61	40,7
Total	150	100,0

Según la tabla nos refiere que un 40,7 % y 33,3% de los bañistas y visitantes manifiestan que la zona costera de Cantolao 2- Garcia Garcia, se encuentra muy frecuentemente contaminada con residuos sólidos fecales y solo un 25% considera que esta con poco y casi nuca frecuente contaminado por residuos sólidos fecales. que hacen el 100% de los encuestados.

Analizando esta información encontramos efectivamente la gran mayoría de encuestados y entrevistados, reconocen que la zona costera de Cantolao 2- Garcia Garcia es muy concurrida por visitantes, pescadores y animales domésticos que hacen sus necesidades sin el cuidado de sus dueños, además, por las faenas de captura de peces en sus embarcaciones y estar lejos de los servicios higiénicos. Estos pueden contaminar y producir enfermedades gastro intestinales al manipular sus alimentos a la hora de sus refrigerios o descanso y también podrían contaminar dicha zona al descomponerse la materia orgánica.

Tabla 7. *Medios de transporte descargan desmontes en la zona costera*

Alternativas	Frecuencia	Porcentaje
Casi nunca	2	1,3
Poco frecuente	6	4,0
Regularmente frecuente	24	16,0
Frecuente	44	29,3
Muy frecuente	74	49,3
Total	150	100,0

Los bañistas y visitantes responden, que en la zona costera de Cantolao 2- Garcia Garcia, en un 49,3% y 29,3% observan que llagan diferentes clases de transportes y que descargan desmontes, y en un menor porcentaje de 5, 5% observan que poco o casi nunca llegan transportes en la zona. que hacen el 100% de los encuestados

Analizando esta información encontramos efectivamente la gran mayoría de un 78, 3 % encuestados y entrevistados, reconocen que la zona costera de Cantolao 2- Garcia Garcia, al ser muy concurrida, casi desolada, con poco alumbrado eléctrico y poca vigilancia por las noches, utilizan como si fuera un botadero clandestino y descargar sus desmontes en esa zona.

Tabla 8. *En la zona costera se encuentra con aves en los cables eléctricos de alta tensión*

Alternativas	Frecuencia	Porcentaje
Casi nunca	7	4,7
Poco frecuente	9	6,0
Regularmente frecuente	34	22,7
Frecuente	39	26,0
Muy frecuente	61	40,7
Total	150	100,0

De acuerdo con la encuesta los bañistas y visitantes responden que en la zona costera de Cantolao 2- Garcia Garcia, existe una contaminación en un 40,7% y 26,0%

la frecuencia de aves en los cables eléctricos de alta tensión, y en un porcentaje de 26,0 % y 22,7% que es frecuente y regularmente su presencia en la zona, que hacen el 100% de los encuestados

Analizando esta información, encontramos que la gran mayoría de un 78, 3 % encuestados y entrevistados, reconocen que la zona costera de Cantolao 2- Garcia Garcia, se encuentra contaminada con las heces de las aves que caen desde los tendidos de alta tensión hacia la zona costera, que lo utilizan para pernoctar y descansar. Le sirven de mirador para detectar sus alimentos diarios, como los pequeños organismos que habitan en la zona costera marina. Las aves al defecar en la zona costera generan contaminación y al triturar sus alimentos quedan residuos de partículas de materia orgánica que pueden generar enfermedades.

Tabla 9. *Concurrencia de personas en las playas de zona costera*

Alternativas	Frecuencia	Porcentaje
Casi nunca	0	0.0
Poco frecuente	1	,7
Regularmente frecuente	27	18,0
Frecuente	37	24,7
Muy frecuente	85	56,7
Total	150	100,0

Referente a la pregunta, los bañistas y visitantes manifiestan en un 56,7 % visitan muy frecuentemente la zona costera de Cantolao, seguido de un 32,7 % en forma frecuente y un 18,7 % regularmente y poco frecuente, que hacen el 100% de los encuestados

Analizando, encontramos efectivamente que la temporada de primavera que recién se inició y en pandemia, no ha sido posible que sean visitadas en forma masiva las playas de la zona costera de Cantolao, sin embargo, quienes concurren más seguido a la zona costera de Cantolao 2- Garcia Garcia, son los pescadores que salen a la mar para buscar el sustento de sus hogares.

Tabla 10. *En las playas de la zona costera se encuentra pescadores*

Alternativas	Frecuencia	Porcentaje
Casi nunca	0	0.0
Poco frecuente	5	3,3
Regularmente frecuente	12	8,0
Frecuente	36	24,0
Muy frecuente	97	64,7
Total	150	100,0

Referente a la pregunta, los bañistas y visitantes manifiestan que en un 64,7 % son los pescadores quienes visitan muy frecuentemente la zona costera de Cantolao 2-Garcia Garcia, seguido de un 24,7 % en forma frecuente y un 11,3 %regularmente y poco frecuente, que hacen el 100% de los encuestados

Analizando, encontramos efectivamente que la temporada de primavera y en pandemia no ha sido posible tener visitantes en las playas de la zona costera de Cantolao, sin embargo, quienes concurren más seguido a la zona costera de Cantolao 2- Garcia Garcia, son los pescadores para buscar el sustento de sus hogares. Su presencia en el lugar es para realizar faenas y manipular sus embarcaciones para salir a pescar. Estas faenas y la carga de combustible en la zona costera podrían generar contaminación.

Tabla 11. *En los espigones de la zona costera se encuentran con residuos sólidos o residuos fecales*

Alternativas	Frecuencia	Porcentaje
Casi nunca	5	3,3
Poco frecuente	8	5,3
Regularmente frecuente	35	23,3
Frecuente	56	37,3
Muy frecuente	46	30,7
Total	150	100,0

Según la tabla nos refiere que un 37,3 % los bañistas y visitantes responden, que en los pequeños espigones en la zona costera de Cantolao 2- Garcia Garcia, se encuentran en forma frecuente con residuos sólidos fecales, un 30,7% muy frecuente y un 23,3% regularmente frecuente, y poco y casi nuca frecuente en un 8,6%, que hacen el 100% de los encuestados.

Analizando esta información encontramos efectivamente la gran mayoría de encuestados y entrevistados, reconocen que la zona costera de Cantolao 2- Garcia Garcia está contaminado con residuos fecales en loa espigones, debido, a que es muy concurrida por visitantes y pescadores que buscan lugares escondidos para hacer sus necesidades, por las faenas de captura de peces que la inician muy tempranamente con sus embarcaciones y estar lejos de los servicios higiénicos. Estos pueden contaminar al descomponerse la materia orgánica y producir enfermedades.

Tabla 12. *En los enrocados de la zona costera se encuentran con residuos de plásticos, maderas, cartones, latas*

Alternativas	Frecuencia	Porcentaje
Casi nunca	21	14,0
Poco frecuente	19	12,7
Regularmente frecuente	53	35,3
Frecuente	29	19,3
Muy frecuente	28	18,7
Total	150	100,0

Según la tabla nos refiere que un 35,3 % los bañistas y visitantes manifiestan que en los pequeños enrocados de la zona costera de Cantolao 2- Garcia Garcia, se encuentran contaminados regularmente con residuos de plásticos, maderas, cartones y latas, un 19,3% frecuente y un 18,7% muy frecuente, y poco y casi nuca frecuente en un 26,7%, que hacen el 100% de los encuestados.

Analizando esta información encontramos efectivamente la gran mayoría de encuestados y entrevistados, reconocen que la zona costera de Cantolao 2- Garcia

76

Garcia que es muy concurrida por visitantes y pescadores arrojan botellas de plásticos, latas, después de ser ingeridos y las maderas, cartones en los enrocados, luego de ser usados para realizar actividades en sus embarcaciones, también puede deberse su presencia, por el arrastre de las mareas de los lugares aledañas y por ser desechadas al concluir sus faenas los visitantes y pescadores. Estos pueden producir contaminación muy durable por la poca biodegradación que sufren, sobre todo el plástico.

Tabla 13. *Existencia de recipientes de basura en las playas*

Alternativas	Frecuencia	Porcentaje
Casi nunca	9	6,0
Poco frecuente	16	10,7
Regularmente frecuente	48	32,0
Frecuente	40	26,7
Muy frecuente	37	24,7
Total	150	100,0

De acuerdo con la encuesta los bañistas y visitantes responden que, en la zona costera de Cantolao, en un 32,0 % y 26,70% no se encuentran los recipientes de basura, en la cantidad adecuada y en el lugar apropiado y un 16,7 % son poco y nunca frecuentes, que hacen el 100% de los encuestados.

Analizando esta información, encontramos que la gran mayoría de un 81,4 % encuestados y entrevistados, reconocen que la zona costera de Cantolao sobre todo en la zona de Garcia Garcia, se encuentra desabastecido de recipientes de basura; las personas que pernoctan o descansan en ese lugar por diversión o trabajo, no tienen cerca estos recipientes para arrojar los desperdicios u otros residuos sólidos que generan en ese lugar. Estos restos de residuos sólidos pueden ser foco de contaminación a corto o largo plazo para los pequeños organismos y aves que habitan en la zona costera marina, como también para los visitantes y pescadores del lugar.

Tabla 14. *Presencia de cuidadores o policías municipales en la zona costera*

Alternativas	Frecuencia	Porcentaje
Casi nunca	2	1,3
Poco frecuente	5	3,3
Regularmente frecuente	32	21,3
Frecuente	49	32,7
Muy frecuente	62	41,3
Total	150	100,0

En la tabla, de acuerdo con la encuesta los bañistas y visitantes responden, que en la zona costera de Cantolao 2- Garcia Garcia, en un 41,3 % y 32,7 % encuentran muy frecuentes y frecuente la presencia de cuidadores o policías municipales en la zona costera, un 21,3% regularmente frecuente y un 4,6 % poco y nunca frecuentes, que hacen el 100% de los encuestados.

Analizando esta información, encontramos que los encuestados y entrevistados, reconocen que la zona costera de Cantolao existe cuidadores o policías municipales, pero en una menor cantidad para el cuidado de la zona de Cantolao en Garcia Garcia, quedando desprotegidos por la poca presencia de los cuidadores o policías municipales. Al tener poca presencia de ellos, se producen descargas de residuos sólidos en las horas nocturnas generando contaminación en la zona costera.

Tabla 15. *Se observa organismos acuáticos en las playas, espigones y enrocados de la zona costera*

Alternativas	Frecuencia	Porcentaje
Casi nunca	4	2,7
Poco frecuente	4	2,7
Regularmente frecuente	15	10,0
Frecuente	39	26,0
Muy frecuente	88	58,7
Total	150	100,0

En las respuestas de los bañistas y visitantes, manifiestan que, en la zona costera de Cantolao, el 58,7 % y 26,0 % se encuentran organismos acuáticos en las playas, espigones y enrocados de la zona costera de Cantolao durante sus visitas y en un 15,4% lo hacen regularmente, poco o nunca casi frecuente no observan a los organismos que habitan en esas zonas, que hacen el 100% de los encuestados

Analizando esta información, encontramos que la gran mayoría de un 84,7 % encuestados y entrevistados, reconocen que la zona costera de Cantolao es un lugar donde habitan diferentes clases de organismos y aves acuáticas en toda la zona costera, que son medio de alimento de la población del Callao. Su presencia permite de promover su cuidado y su sostenibilidad por las autoridades de turno para evitar la contaminación por residuos sólidos en la zona costera marina de Cantolao.

Tabla 16. *Estado en que se encuentran las playas de la zona costera*

Alternativas	Frecuencia	Porcentaje
Casi nunca	6	4,0
Poco frecuente	5	3,3
Regularmente frecuente	38	25,3
Frecuente	62	41,3
Muy frecuente	39	26,0
Total	150	100,0

En las respuestas de los bañistas y visitantes, observamos que, en la zona costera de Cantolao, el 41.4 %, 26,0 % y 25,3 % manifiestan que se encuentran contaminadas las playas de la zona costera de Cantolao y un 7,3 % poco frecuentes o casi nunca frecuente, que hacen el 100% de los encuestados

Analizando esta información, encontramos que la gran mayoría en un 92,7 % de encuestados y entrevistados, reconocen que la zona costera de Cantolao 2, Garcia Garcia tiene un proceso de contaminación muy frecuente y un 7,3% los que consideran que no hay contaminación frecuente, Siendo un lugar donde habitan diferentes clases de organismos y aves acuáticas, se hace necesario promover su cuidado y sostenibilidad para evitar la contaminación por residuos sólidos en la zona costera marina de Cantolao.

2. Interpretación de resultados: Variable Dependiente

B. Bioecologia de la Zona Costera:

En la zona costera marina de estudio, se ha realizado la determinación de los parámetros físico y químico de la zona costera y la identificación bilógica taxonómica de los organismos que habitan en la playa, enrocados y espigones de la zoma costera de Cantolao.

Se determinó las zonas (Figura 1) y se procedió a realizar transectos (Figura 2). Se trabajó al azar. El muestro se realizó específicamente en la parte biológica, para ello se procedió a tomar muestras de algas y organismos del lugar del muestreo. (Figuras 3 al 8); luego se recogió agua de mar para tomar la temperatura (Cuadro mensual, de marzo a noviembre, Tabla 17) y mediante el equipo multiparámetro se procedió a medir la temperatura, oxígeno disuelto y la salinidad (Figuras 9,10 y 11)

Obteniendo los siguientes resultados según el siguiente cuadro;

Tabla 17. *Parámetros físico - químico*

Meses	Temperatura °C		Oxígeno Disuelto mg/L	Salinidad ‰
	Ambiental	Agua		
Marzo	19,5	11,3	3,3	33,9
Abril	18,5	11,3	3,6	34,0
Mayo	18,4	11,0	3,6	34,5
Junio	17,0	11,0	3,7	34,2

Julio	17,8	11,0	3,6	34,0
Agosto	17,5	11,0	3,8	34,5
Setiembre	18,0	11,0	3,8	34,0
Octubre	18,0	11,0	3,8	34,5
Noviembre	18,0	11.0	3,8	34,0

Para la medición de los organismos se realizó mediante el conteo de la población al azar y para la taxonomía se clasificó según la Guía para el Reconocimiento en Campo de las Macroalgas del Callao (IMARPE,2019).

Resultados obtenidos en zona investigada según la siguiente tabla.

Tabla 18. *Organismos de la zona costera*

Organismos	Especies de las Especies de las Zonas Costeras de Cantolao
1. eces	Pejerrey Familia: Atherinopsidae Género: Odontesthes Borracho: Scartchthys gigas
2. lgas	Algas verdes Phylum Chlorophyta: Ulva Lactuca Phylum Rhodophyta: Ahnfeltiopsis durvillei; Neurubra decipiens Algas pardas Neorubua decipiens
3. icroalgas	*Chaetoceros lorenzianus.* *Coscinodiscus radiatus.* *Detonula pumila.* *Skeletonema costatum.* *Dinophysis caudata.* *Ceratium furca*
4. rganismos	*Moluscos.* *Echinolittorina peruviana; Leukoma thaca; Crepipatella dilatata; Thaisella chocolate*

	Semimytilus algorus (chorito de las algas); Aulacomya atra (choro comestible). *Crustaceos: Balanus laevis (cirripido crustaceo); Pinnatherelia laevigatay ; Grapsus grapsus (araña de las rocas); Cancer porteri (cangrejo comestible); Platyxanthus orbignyi (cangrejo violaceo)* *Ofiuro: Echinodernata*
5. ves	Cormoran (Phalacrocorax brasilianus. Piquero peruano (Sula variegata) Pelicano peruano (Pelecanus thagus Leucophaeus modestus (gaviota gris); Hemotopus paleatus (ostrero común)

Análisis estadístico

Para contrastar las hipótesis planteadas en la investigación se usará el Rho de Spearman pues los datos para el análisis están en forma de frecuencias. La estadística Rho de Spearman es una medida de asociación lineal que utiliza los rangos, números de orden, de cada grupo de sujetos y compara dichos rangos de la presente investigación.

Los datos han sido clasificados en una tabla de contingencia para probar la hipótesis, mediante Rho de Spearman. Considerando un nivel de significancia $\alpha = 0{,}05$ y 1 grado de libertad cuyo valor tabular de Rho $[-1 \leq \text{Rho} \leq 1]$, teniendo en cuenta el grado de relación según el rango de correlación tomado de (Szmidt & Kacprzyk, 2010) que luego será comparado con el Rho experimental para la aceptación o rechazo de la hipótesis nula.

Tabla 19. *Interpretación del coeficiente de correlación de Spearman*

Valor rho	Significado
-1	Correlación negativa grande y perfecta
- 0,9 a - 0, 99	Correlación negativa muy alta
-0,7 a – 0, 88	Correlación negativa alta
-0,4 a – 0,69	Correlación negativa moderada
-0, 2 a – 0,39	Correlación negativa baja
- 001 a -0, 19	Correlación negativa muy baja
0	Correlación nula
001 a 0, 19	Correlación positiva muy baja
0, 2 a 0,39	Correlación positiva baja
0,4 a 0,69	Correlación positiva moderada
0,7 a 0, 88	Correlación positiva alta
0,9 a 0, 99	Correlación positiva muy alta
1	Correlación positiva grande y perfecta

Fuente: (Szmidt & Kacprzyk, 2010)

Contrastación de Hipótesis

Hipótesis general

H0: El nivel de contaminación por residuos sólidos costeros incide significativamente en la bioecologia marina de las zonas de Cantolao.

H1: El nivel de contaminación por residuos sólidos costeros incide significativamente en la bioecologia marina de las zonas de Cantolao.

Estadística de prueba experimental:

Tabla 20. *Contaminación por residuos sólidos - Bioecologia en la playa*

Correlaciones

			Contaminación por residuos sólidos (Agrupada)	Bioecologia en la playa (Agrupada)
Rho de Spearman	Contaminación por residuos sólidos (Agrupada)	Coeficiente de correlación	1,000	,494**
		Sig. (bilateral)	.	,000
		N	150	150
	Bioecologia en la playa (Agrupada)	Coeficiente de correlación	,494**	1,000
		Sig. (bilateral)	,000	.
		N	150	150

**. La correlación es significativa en el nivel 0,01 (bilateral).

El valor que alcanza el Rho = 0,494 experimental se encuentra entre 0,4 a 0,69 es una Correlación positiva moderada, que permite que la hipótesis nula sea rechazada aun nivel de significancia de 5% por lo que se concluye que, el nivel de contaminación por residuos sólidos costeros incide significativamente en la bioecologia marina de las zonas de Cantolao (Figuras 15 y 16)

Hipótesis específica

Hipótesis específica 1

H0: El nivel de contaminación por residuos y fecales sólidos inciden significativamente en la bioecologia marina.

H2: El nivel de contaminación por residuos y fecales sólidos no inciden significativamente en la bioecologia marina.

Tabla 21. *Residuos sólidos y fecales - Bioecología en la playa*

Correlaciones

			Residuos sólidos y fecales (Agrupada)	Bioecologia en la playa (Agrupada)
Rho de Spearman	Residuos sólidos y fecales (Agrupada)	Coeficiente de correlación	1,000	,450**
		Sig. (bilateral)	.	,000
		N	150	150
	Bioecologia en la playa (Agrupada)	Coeficiente de correlación	,450**	1,000
		Sig. (bilateral)	,000	.
		N	150	150

**. La correlación es significativa en el nivel 0,01 (bilateral).

El valor que alcanza el Rho = 0,450 experimental, se encuentra entre 0,4 a 0,69 es una Correlación positiva moderada, que permite que la hipótesis nula sea rechazada aun nivel de significancia de 5% por lo que se concluye que, el nivel de contaminación por residuos y fecales sólidos inciden significativamente en la bioecologia marina.

Hipótesis Específicas 2

H0: El nivel de contaminación por transporte vehicular y aves de residuos sólidos inciden significativamente en la bioecologia marina.

H3: El nivel de contaminación por transporte vehicular y aves de residuos sólidos inciden significativamente en la bioecologia marina.

Tabla 22. *Transportes y aves - Bioecologia en la playa*

Correlaciones

			Transportes y aves (Agrupada)	Bioecologia en la playa (Agrupada)
Rho de Spearman	Transportes y aves (Agrupada)	Coeficiente de correlación	1,000	,446**
		Sig. (bilateral)	.	,000
		N	150	150
	Bioecologia en la playa (Agrupada)	Coeficiente de correlación	,446**	1,000
		Sig. (bilateral)	,000	.
		N	150	150

**. La correlación es significativa en el nivel 0,01 (bilateral).

El valor que alcanza el Rho = 0,446 experimental es una Correlación positiva moderada que se encuentra en 0,4 a 0,69, que permite que la hipótesis nula sea rechazada aun nivel de significancia de 5% por lo que se concluye que, el nivel de contaminación por transporte vehicular y aves de residuos sólidos inciden significativamente en la bioecologia marina.

Hipótesis específica 3

H0: El nivel de contaminación por concurrencia de personas y recipientes de basura inciden significativamente en la bioecologia marina.

H4: El nivel de contaminación por concurrencia de personas y recipientes de basura inciden significativamente en la bioecologia marina.

Tabla 23. *Concurrencia de personas y recipiente de basura - Bioecologia en la playa*

Correlaciones

			Concurrencia de personas y recipiente de basura (Agrupada)	Bioecologia en la playa (Agrupada)
Rho de Spearman	Concurrencia de personas y recipientes de basura (Agrupada)	Coeficiente de correlación	1,000	,444**
		Sig. (bilateral)	.	,000
		N	150	150
	Bioecologia en la playa (Agrupada)	Coeficiente de correlación	,444**	1,000
		Sig. (bilateral)	,000	.
		N	150	150

**. La correlación es significativa en el nivel 0,01 (bilateral).

El valor que alcanza el Rho = 0,444 experimental es una Correlación positiva moderada y se encuentra en 0,4 a 0,69, que permite que la hipótesis nula sea rechazada aun nivel de significancia de 5% por lo que se concluye que, el nivel de contaminación por concurrencia de personas y recipientes de basura inciden significativamente en la bioecologia marina.

Durante la investigación desarrollada se tuvo que realizar algunas estrategias para obtener la información requerida, teniendo como debilidad de realizar la extracción de las muestras en la Zona de Cantolao, debido a la pandemia, y como fortaleza la participación de los estudiantes del 5to año para solicitar su apoyo y realizar la encuesta vía la plataforma Forms y la otra en forma presencial que realice en la zona de muestreo, con la finalidad de contrastar las respuestas obtenidas por los alumnos. La cual se obtuvo los resultados que hemos tratado en esta sección.

Discusión

El estudio encontró que según algunos autores como Guillen et al (1978), dan a conocer que las fuentes más importantes de contaminación la constituyen las descargas industriales y domésticas, sin embargo no son las únicas, porque también se realiza la contaminación de botellas plásticas, cartones, maderas, fierros, vidrios, etc., que son arrojados por los visitantes que acuden a depositarlos clandestinamente, argumentando la escasa cobertura del servicio de recolección municipal y a la falta de policías municipales manifestado por los encuestados. También, se genera contaminación por residuos sólidos orgánicos e inorgánicos cuando realizan su descanso o sus faenas de trabajo de la pesca en la zona costera de Cantolao 2: Garcia Gracia. (Tabla 17). La organización CPPS (2014) considera el metal y vidrio como parte de este tipo de contaminantes. Pero el principal representante de este grupo es el plástico (Ganbini, 2019) , en la playa de San Pedro de Lurín, Lima, Perú, encontró un total de 1885 unidades de desechos sólidos y el material predominante fue el plástico, seguido de goma/hule, papel, vidrio, metal, madera y tela, mientras Rodenas (2019) manifiesta que en la playa de San Isidro estaba contaminado con compuestos de: Madera, papel. Cartones y telas, en las payas de Barranco predominaba los plásticos, latas, hojalata y en las playas de San Isidro y Barranco donde predominó los fierros, materiales de construcción y animales muertos. En la investigación se encontró que existe relación a esta información con los encuestados, que existe contaminación por la presencia plásticos, maderas, cartones, hiervas, madera, vidrio y metales y lo realizan mayormente en la zona de Cantolao 2: Garcia Garcia, asimismo, manifiesta que existe contaminación con desechos o residuos sólidos como fierros, materiales de construcción y animales muertos, siendo un porcentaje aparentemente superior a lo obtenido en otras playas por Ganbini y Rodenas.

La descarga de residuos sólidos está regulada por la Dirección General de Capitanías y Guardacostas (2014). "La población debe tener conciencia de no ensuciar las playas, mientras que las autoridades municipales deben cumplir con disponer de recipientes y con el recojo oportuno de los residuos (basura), las veces que sea necesario tomando en cuenta la afluencia de público",(APN, 2018), sin embargo al realizar la encuesta se determinó que la zona costera de Garcia Garcia, se encuentra desabastecido de recipientes de basura; las personas que pernoctan o descansan en ese lugar por diversión o trabajo, no tienen cerca estos recipientes para arrojar los desperdicios u otros residuos sólidos que generan en ese lugar.(Tablas 8,9,10,11, 12), además, son frecuentados los enrocados y espigones que son utilizados para hacer sus necesidades al no encontrar ambientes de servicios higiénicos cerca del lugar. El flujo de estos compuestos arrojados y las concentraciones varían significativamente de acuerdo con lo reportado en el contexto similares obtenidos en la investigación. (Tablas 20 y 21), esto daña al ecosistema, causa una mala imagen, repercute en su economía reduciendo el turismo y obliga a financiar programas de limpieza en la zona costera de Cantolao.

La Agencia Peruana de Noticias (APN, 2018) advierte que la contaminación en las playas del litoral peruano, por residuos orgánicos e inorgánicos arrojados por los bañistas, pueden traer consecuencias en la salud de las personas, como enfermedades en la piel y vista, así como problemas gastrointestinales, asimismo lo considera el Ministerio de Salud (Minsa). Esto podría ser posible si se da las condiciones para que se produzca, y puede ser el caso de la zona de Garcia Garcia por la incidencia de contaminación por residuos sólidos y por el flujo permanente de la presencia de los pescadores (Tabla 11). Se dispone de normas legales que dicen, "la población debe tener conciencia de no ensuciar las playas, mientras que las autoridades municipales deben cumplir con disponer de recipientes y con el recojo oportuno de los residuos (basura), las veces que sea necesario tomando en cuenta la afluencia de público", (APN, 2018), sin embargo, no concuerda con los resultados en la zona costera de Cantolao en

Garcia Garcia porque solo cuenta con algunos recipientes de basura y con algunos montículos de basura..

En el 2003 se aprobó la Ley N° 27972 Ley Orgánica de Municipalidades Art 73 Inciso 3.3, Art 80 Inciso 3.2, que tienen entre sus funciones promover la educación e investigación ambiental en su localidad e incentivar la participación ciudadana en todos sus niveles; también regular y controlar el aseo, higiene y salubridad en las playas y otros lugares públicos locales. De acuerdo con las respuestas obtenidas, esta Ley no ha sido consensuada y parece que no se da por enterada de las personas que viven en la zona costera de Cantolao.

En cuanto a los factores físico y químico, la concentración del oxígeno disuelto de la presente investigación fue de 3,2 mg/L, que varían entre 2.28 y 3.9 mg/L, estableciendo que estos valores están por debajo del valor estándar, por lo que es preciso mencionar el estudio de investigación de la Dirección de Hidrografía y Navegación (2013), donde determina que la presencia y concentración del parámetro de oxígeno disuelto, es esencial para garantizar el mantenimiento de los organismos vivos, su reproducción y desarrollo; así como también para evaluar los efectos de potenciales agentes contaminantes, ya que cuando hay bajos niveles o ausencia de oxígeno en el agua, puede ser un indicador de contaminación elevada. En cuanto a la temperatura superficial, se determinó un promedio de 18,5 °C ambiental, para el agua de 11, 0 °C y para la salinidad de 34,6 ‰, respectivamente, que está dentro del rango permisible para el hábitat de los organismos que se encuentran en las zonas costera de Cantolao (Tabla 17). Majluf, (2014) y Odum. (1998), tratan sobre el hábitat y las características de las algas que poseen cuerpos resistentes y flexibles, capaces de doblarse con el vaivén de las olas sin romperse, los animales se encuentran encastrados en conchas calcáreas duras como las de los cangrejos, moluscos, estrellas de mar, o se encuentran recubiertos por una epidermis tenaz, como en el caso de la anemona y el pulpo, todo ello se relaciona con los organismos que hemos encontrado en la playas de Cantolao y que habitan en la zona intermareal muestreada, donde encontramos conglomerado de algas verdes, pardas, azules y organismos como la lapa, estrellas de mar, choritos y arañas de mar compartiendo su hábitat en los espigones y playas en toda su magnitud.

Dentro del marco político, la Oficina Internacional del Trabajo a través de la Comisión Económica para América Latina y el Caribe. (1996). Dice "… sobre el borde costero (zona costera) que sea un instrumento para el desarrollo sostenible, debe apuntar al uso equitativo de los recursos naturales y a la durabilidad de los beneficios derivados del aprovechamiento, más allá de los intereses coyunturales...", con relación al cuidado de los recursos hidrobiológicos existentes en las zonas costeras. Sin embargo, esto no se cumple según los resultados obtenidos en la investigación, porque, los bañistas y visitantes no respetan ni cuidan la zona costera, menos las playas, donde arrojan residuos sólidos, botellas plásticas o vidrio de gaseosa o de licor que consumen cuando se encuentran en juerga o festejos de índole patronal civil o religioso.

Agüero (1996)" El manejo de la zona costera es un tema largamente analizado y debatido en el plano nacional e internacional, al que la búsqueda del desarrollo sostenible ha dado un contenido nuevo y clarificador". Aun cuando las zonas costeras no resistieran esa importancia fundamental en cuanto a sus impactos sobre el medio marino, la necesidad de estrategias de manejo se justificaría solamente por su condición de que proporcionarán, en el ámbito mundial, subsistencia para aproximadamente dos billones de personas para el año 2000". Hoy nos encontramos en el 2021 y la situación no ha cambiado, por el contrario, se ha empeorado, por las faltas de políticas adecuadas en el manejo de la zona costera y su protección ante la contaminación que afecta a los organismos, causando un gran impacto en su reproducción y sostenibilidad del recurso íctico en la zona costera de Cantolao.

Conclusiones

La contaminación de los residuos afecta en general y de forma horizontal a todas las actividades, personas y espacios, convirtiéndose en problema no sólo por lo que representa en términos de recursos abandonados sino por la creciente incapacidad para encontrar soluciones más directas desde un punto de vista bioecológico.

La zona costera de Cantolao está compuesta de piedras o cantos rodados y se asienta frente al malecón "Figueredo" y la Escuela Naval del Perú, Está conformada por tres playas en su haber: Regatas Unión (Cantolao 1), García García (Cantolao 2), Zona Naval (Cantolao 3), siendo la más contaminada según los encuestados 67. 3 % responde que la zona costera de Garcia Garcia es la más contaminada con residuos sólidos, a pesar de que tiene una Correlación positiva moderada de 0,450.

La contaminación causados por los residuos sólidos depositados en mediante las defecaciones en los enrocados y espigones de las zonas costeras de Cantolao, han sido significativos en Cantolao 2 (Garcia Garcia) con objetividad del 69, 3%, y con una Correlación positiva moderada 0,450.

La contaminación causados por los residuos sólidos depositados mediante el transporte vehicular o las defecaciones de las aves en 78,6% y 66,0 % respectivamente en las zonas costeras de Cantolao, han sido significativos en Cantolao 2 (Garcia Garcia) y con una Correlación positiva moderada de 0,446.

La contaminación causados por los residuos sólidos depositados mediante la concurrencia de personas y recipientes de basura costero objetivamente ha sido de 78,6% y 66,0 % respectivamente en las zonas costeras de Cantolao, siendo significativamente en Cantolao 2 (Garcia Garcia) y con una Correlación positiva moderada de 0,444

La mala administración y distribución urbanística en las zonas costeras del Perú principalmente en Lima Metropolitana son los agentes contaminantes del rio Rímac y como consecuencia se tiene playas contaminadas.

El estado peruano como política de gobierno, todos ministerios, en particular el Ministerio de Educación, Ministerio de Salud y Ministerio de Ambiente, deben tomar acciones inmediatas educativas con capacitaciones sobre contaminación marina para reducir problemas ocasionados por el consumo de especies marinas generándole al ser humano problemas hormonales, de reproducción, daño en el sistema nervioso, en los riñones, de Parkinson, de Alzheimer, de corazón, y otros.

El medio acuático tuvo en promedio una temperatura del agua de 11,0 ºC; del ambiente de 18,5 ºC, el oxígeno disuelto de 3,2 m/L y una salinidad de 34,5 ‰.(Tabla 17). Los cuales fueron tomados durante los meses de marzo a noviembre a las 11.30 am. en la zona de Cantolao y al variar bruscamente pueden degradar la materia orgánica y descomponerla rápidamente, así como, influir en el comportamiento bioecológico de los organismos que habitan en los enrocados, espigones y playas de Cantolao.

Se han determinado la existencia de los organismos que habitan en la zona costera de la Cantolao, como se menciona en el Tabla 18, representados por los organismos más representativos como son los peces: Pejerrey (Odontesthes sp.) y borrachos (Scartchthys gigas); las microalgas encontradas: Chaetoceros lorenzianus, Coscinodiscus radiatus, Detonula pumila, Skeletonema costatum, Dinophysis caudata, Ceratium furca y las macroalgas encontradas. Lechuga de mar (Ulva lactuca).rodofíceas (algas rojas) y clorofíceas (algas verdes); Organismos como: Balanus laevis, Scurria ceciliana, Megabalanus psittacus, Estrella sol (Heliaster heliantus), Chorito (Semimytilus algosus), Lapa (Fissurella máxima), Pico de loro (Balanus laevis), Araña de mar (Grapsus grapsus), Chitón (Chiton gronosus); Aves: Cormoran (Phalacrocorax brasilianus, Piquero peruano (Sula variegata), Pelicano peruano (Pelecanus thagus).

Propuestas

Se tiene que ver la repercusión en la actividad pesquera, y considerar los estudios para ser tomados en cuenta para el desarrollo de proyectos ligados a la actividad pesquera y en acuicultura, entre los que se consideran Metodología para los Estudios de Impacto Ambiental, Plan de Manejo Ambiental, que incluye el Programa de Prevención y Mitigación Ambiental.

Es necesario actualizar el Programa de Manejo de Residuos Sólidos, Programa de Monitoreo Ambiental y el Plan de Contingencias en la zona costera del litoral.

Se tiene que promover la recuperación, conservación y mantenimiento de las playas de la zona costera del Callao, mediante reuniones programadas por los municipios.

Viabilizar el efectivo cumplimiento de las normas de recuperación, conservación y mantenimiento de las playas por los tres niveles de gobierno (nacional, regional y local).

Estos datos de contaminación por residuos sólidos deben ser tomadas en consideración por los peligros que están asociados a la exposición, vulnerabilidad, riesgos de las personas y organismos acuáticos para la toma de decisiones en su mejoramiento de las playas del Callao.

Bibliográfias

Agüero M. (1996). "Impactos ambientales en la zona costera". Faro. I C.E.D.S.A.

Arriaga, L. (1976). La contaminación en el Océano Pacifico Suroriental (Ecuador – Perú – Chile).

Comisión Económica para América Latina y el Caribe. (1995). "El papel del Estado en la conservación y uso sostenible de la biodiversidad costera y marina".

Comisión Económica para América Latina y el Caribe. (1996). "La política de borde costero como un instrumento de desarrollo sostenible. Análisis desde la normativa ambiental internacional y regional".

CPPS (2014). Estado del Medio Ambiente Marino y Costero del Pacífico Sudeste. Comisión Permanente del Pacífico Sur - CPPS. Guayaquil, Ecuador. Serie Estudios Regionales No. 4. 244 p.

Decreto Supremo N° 050-2006-EF — Reglamento de la Ley N° 26856, que declara que las playas del litoral son bienes de uso público, inalienables e imprescriptibles y establece zona de dominio restringido.

Diccionario de la lengua española. RA español, E Madrid - 2001 - academia.edu https://scholar.google.es/scholar?hl=es&as_sdt=0%2C5&q=Diccionario+de+la +lengua+espa%C3%B1ola+%282001%29%3A&btnG=

Iannacone, J., Huyhua, A., Alvariño, L., Valencia, F., Príncipe, F., Minaya, D., Ortega, J., Argota, G., & Castañeda, L. (2020). MICROPLÁSTICOS EN LA ZONA DE MAREA ALTA Y SUPRALITORAL DE UNA PLAYA ARENOSA DEL LITORAL COSTERO DEL PERÚ. The Biologist (Lima), 17(2). https://doi.org/10.24039/rtb2019172369

Gambini, R., Palma, Y., Ricra, O., Vivas, G., & Vélez-Azañero, A. (2019). CUANTIFICACIÓN Y CARACTERIZACIÓN DE RESIDUOS SÓLIDOS EN

LA PLAYA SAN PEDRO DE LURÍN, LIMA, PERU. *The Biologist* (Lima), 17(1). https://doi.org/10.24039/rtb2019171305

Gobierno Regional del Callao. (2013) Estudio oceanográfico de la Bahía del Callao – Ventanilla y zonas de influencia – 2013. Región Callao, Lima

Guillen, O (1981). Fuentes, niveles, y efectos de contaminación marina en el Perú.

Hernandez, R. (2014). Metodologia de la Investigacion. Edicion 6. D.F., Mexico.

IMARPE. Estudio Línea Base Callao (21 – 30 noviembre 2011)", Gerencia Regional de planeamiento, presupuesto y acondicionamiento territorial. Informe de Andina- Agencia Peruana de noticias. Basura en playas puede generar males estomacales, dermatológicos y oculares. https://andina.pe/agencia/noticia-basura-playas-puede-generar-males-estomacales-dermatologicos-y-oculares-737273.aspx. Publicado. 27- diciembre- 2018

Informe de Andina- Agencia Peruana de noticias . Basura en playas puede generar males estomacales, dermatológicos y oculares. https://andina.pe/agencia/noticia-basura-playas-puede-generar-males-estomacales-dermatologicos-y-oculares-737273.aspx. Publicado. 27- diciembre- 2018

Informe de la Secretaría General de las Naciones Unidas por el Día Mundial de los Océanos, 8 de junio, 2009.

Ley Orgánica de Municipalidades. (2003). Ley 27972. Art 73 Inciso 3.3, Art 80 Inciso 3.2. Ley N° 26856 y su Reglamento N° 050-2006

Majluf,p. (2002). Los Ecosistemas Marinos y Costeros. Lima, Perú. Obtenido de http://cpps.dyndns.info/cpps-docs-web/planaccion/biblioteca/pordinario/Proceso%20Ordinario/Assessment%20of

%20marine%20biological%20diversity%20and%20habitats/Majluf_2002_Eco systemasMarinosCosterosLatinoamerica.pdf

Ministerio de Economia y Finanzas. (2006, 25 de abril). *Ley N° 26856 y su Reglamento N° 050.* Obtenido de https://www.ecolex.org/es/details/legislation/decreto-supremo-no-050-2006-ef-reglamento-de-la-ley-no-26856-que-declara-que-las-playas-del-litoral-son-bienes-de-uso-publico-inalienables-e-imprescriptibles-y-establece-zona-de-dominio-restringido-lex-faoc063

Mongavay. (2018). *https://rpp.pe/blog/mongabay/basura-en-las-playas-biodiversidad-marina-se-ahoga-en-oceanos-de-plastico-noticia-1101463.* Obtenido de https://rpp.pe/blog/mongabay/basura-en-las-playas-biodiversidad-marina-se-ahoga-en-oceanos-de-plastico-noticia-1101463

Malnati Fano, L. (1976). La contaminación de aguas en el Perú y rol del Ministerio de Salud en su control . Lima, Perú.

Ministerio del Ambiente. (2013). Glosario de términos de uso frecuente en la gestión ambiental. Lima: MINAM.

Ministerio del Ambiente (20015). Lineamientos para el Manejo Integrado de las zonas costeras. RESOLUCIÓN MINISTERIAL n.° 189-2015-MINAM

https://www.minam.gob.pe/ordenamientoterritorial/wp-content/uploads/sites/129/2017/02/Lineamientos-para-el-Manejo-Integrado-de-las-Zonas-Costeras.pdf

Ministerio de Salud. (2010). Resolución Ministerial N° 659-2010-MINSA

Mongavay. (2018). https://rpp.pe/blog/mongabay/basura-en-las-playas-biodiversidad-marina-se-ahoga-en-oceanos-de-plastico-noticia-1101463. Obtenido de https://rpp.pe/blog/mongabay/basura-en-las-playas-biodiversidad-marina-se-ahoga-en-oceanos-de-plastico-noticia-1101463

Morelock, J., 1978, Shorelines of Puerto Rico, San Juan, PR: Coastal Zone Program

OEFA. Organismo de Evaluación y Fiscalización Ambiental. (2018)

EUROPA Casa EUR-Lex Convenio de Barcelona para la protección del mar Mediterráneo ...EUR- Protocolo relativo a la gestión integrada de las zonas costeras del Mediterráneo (Miteco, 2009). Convenio para la Protección del Medio Marino y de la Región Costera del Mediterráneo, adoptado en Barcelona el 16 de febrero de 1976, y enmendado el 10 de junio de 1995,

https://www.miteco.gob.es/es/costas/publicaciones/protocolo_gizc_barcon_tcm30-163087.pdf última actualización 30.06.2020

Rodenas, P. (2019). La Contaminación y la bioecología en La zona costera de San Isidro, Miraflores, Barranco y Chorrillos. Cátedra Villarreal, 7(2). https://doi.org/10.24039/cv201972816

Sánchez. A, L. (2019) "Evaluación de la Calidad del Agua de Mar en la Playa Cantola – Sector Espigón del Abtao en la Bahía del Callao". Tesis para optar el Título Profesional. Facultad de Ingeniería Geográfica, Ambiental y Ecoturismo. UNFV. Lima- Perú.

Tait, R. (1987) Elementos de Ecología Marina. Edit. Acribia.